Löffel´s Landhaus,

die Heimat des „Eifler Schnitzels"

wünscht viel Freude und Genuss bei Ihrer

kulinarischen Entdeckungsreise durch die Eifel

Restaurant
Löffel´s Landhaus
Moderne Deutsche Küche

Obertorstraße 42 · 56294 Münstermaifeld
Telefon (0 26 05) 95 37 73 · E-Mail info@loeffelslandhaus.de
www.loeffelslandhaus.de

Hannelore Hippe Susanne Schug

EINE KULINARISCHE ENTDECKUNGSREISE

Eifel & Ostbelgien

Umschau

EIN NATURDENKMAL, FÜR DAS NUR SCHAFE KEINEN BLICK HABEN: DREIMÜHLENWASSERFALL BEI NOHN

INHALT

ÜPPIGE BLÜTENPRACHT: ORCHIDEEN IM NATURSCHUTZGEBIET HÖNSELBERG IN DER VULKANEIFEL

INHALT

WASSER UND WALD IM EINKLANG: BLICK VON NORDEN AUF DEN RURSEE IM NATIONALPARK EIFEL

KARTE

EIFEL & OST-BELGIEN

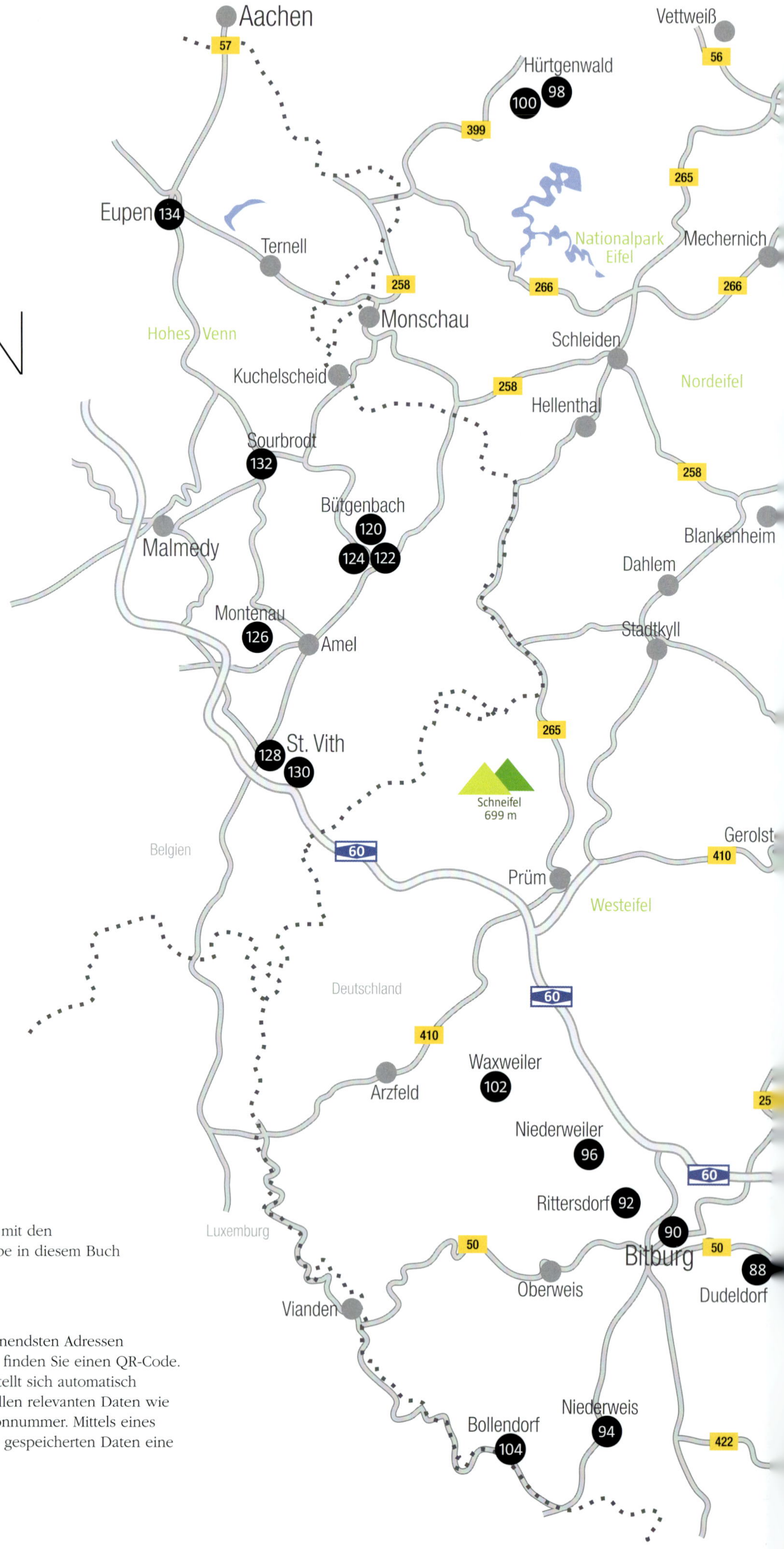

72 Die Zahlen in der Karte sind identisch mit den Seitenzahlen der verschiedenen Betriebe in diesem Buch und zeigen ihre Lage in der Region.

Auf dem einfachsten Weg zu den spannendsten Adressen der Stadt! Neben jedem Kundenporträt finden Sie einen QR-Code. Beim Einscannen dieses QR-Codes erstellt sich automatisch ein Eintrag in Ihrem Smartphone mit allen relevanten Daten wie Adresse, E-Mail, Internetadresse, Telefonnummer. Mittels eines Routenplaners lässt sich anhand dieser gespeicherten Daten eine Route durch die Stadt erstellen.

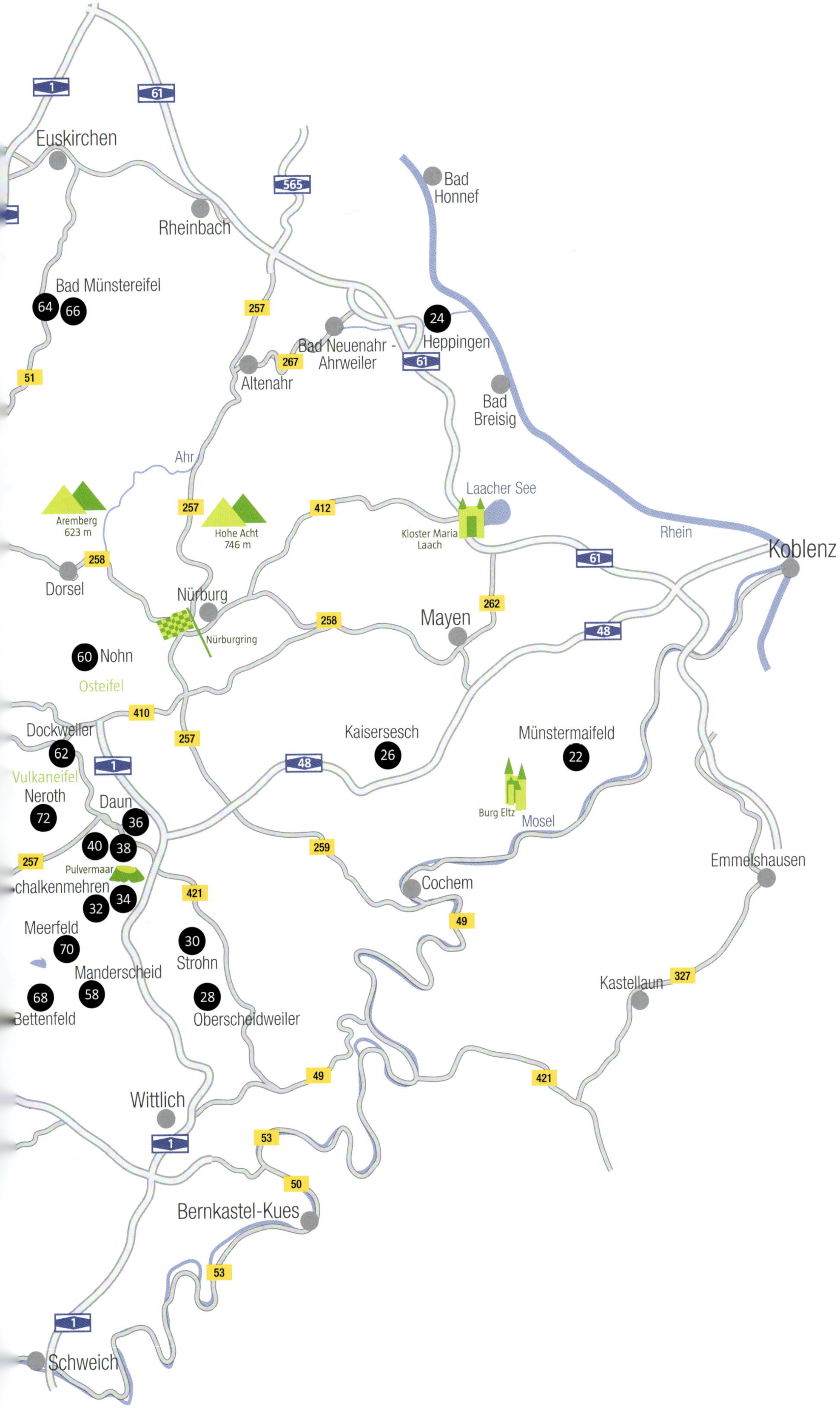
1
61
Euskirchen
565
Bad Honnef
Rheinbach
Bad Münstereifel
64
66
257
24
Heppingen
Bad Neuenahr -
Ahrweiler
61
267
Altenahr
51
Bad Breisig
Ahr
Laacher See
Aremberg
623 m
257
Hohe Acht
746 m
412
Kloster Maria
Laach
Rhein
Koblenz
61
258
Dorsel
Nürburg
258
Mayen
262
48
Nürburgring
60
Nohn
Osteifel
410
Dockweiler
257
Kaisersesch
Münstermaifeld
62
26
22
1
48
Vulkaneifel
Neroth
72
Daun
36
Burg Eltz
Mosel
40
38
259
257
Pulvermaar
Emmelshausen
chalkenmehren
34
32
421
Cochem
Meerfeld
49
70
30
Strohn
Manderscheid
327
Kastellaun
68
58
28
Bettenfeld
Oberscheidweiler
49
421
Wittlich
1
53
50
Bernkastel-Kues
53
1
Schweich

SCHMUCKE FACHWERKHÄUSER: BAD MÜNSTEREIFEL IN DER NORDEIFEL

ZUM AUFTAKT

Eifel und Ostbelgien: Wo die Vielfalt auch viele Namen hat

Wer sich mit der Eifel näher beschäftigt, sieht sich ganz schnell mit einer Frage konfrontiert, deren Dimensionen zunächst nicht ganz klar sind: In Anlehnung an den Titel eines populär-philosophischen Buches könnte man fragen: Was ist die Eifel – und wenn ja, wie viele? Eine geografische Karte allein bringt uns nicht weiter: Man kreist nichts ahnend mit dem Zeigefinger zwischen Aachen, Köln, Koblenz und Trier und entdeckt: die Nordeifel, die Hocheifel, die Vulkaneifel, die Südeifel, die Schneeeifel. In ihr liegt dann auch noch die Schneifel. Wir finden die Mitteleifel und, selbstverständlich, die Osteifel, da will die Westeifel nicht ungenannt bleiben, und man wird spätestens an dieser Stelle etwas ratlos. Das hatte man nicht unbedingt vermutet. Aber es kommt noch toller: „Die Eifel hat nichts Ihresgleichen auf der Welt", versicherte schon 1820 ein angesehener Geograf, ein gewisser Herr von Buch. Der Mann hat immer noch recht. In anderen Büchern finden sich kühn weitere Eifeln: die Jülicher Eifel, die Venn-Eifel, die Luxemburger Eifel. Haben Sie mitgezählt? Entlang der Grenze auf belgischer Seite fragt sich der Suchende gewiss, wo hört die Eifel auf, wo fangen die Ardennen an?

Spätestens an dieser Stelle bringen sich die alten Römer ins Eifel-Spiel mit ein. Diese bezeichneten die Eifel samt Ostbelgien, das es natürlich noch nicht gab, als „Arduenna Silva", was so viel wie „Hochwald" bedeutet. Das könnte als kleiner Hinweis gelten, ist aber ein

wenig über dem Verfallsdatum. Obwohl es interessant ist, dass sich in unserer Region seit der Steinzeit Menschen angesiedelt haben. Da muss was dran sein, an der Eifel, denn damals gab es noch viel mehr Möglichkeiten, um sich irgendwo niederzulassen. Man war wählerisch. Hier muss es etwas geben, und nicht zu knapp, was schon unsere weit entfernten Vorfahren attraktiv fanden: Feuer (Vulkane, Minerale) und Wasser (Flüsse, Seen, Maare), Erde (Erze und Gestein) und Luft (Wald und Wiesen). Alles vom Feinsten. Was braucht man mehr? Da wuchsen und gediehen Landwirtschaft und Handwerk. Bis heute, ja gerade heute wieder. Die Eifel lockt mit Vielfältigem an Natur und was die Menschen mit ihr und durch sie zaubern können.

Packen Sie die Eifelkarten mit den vielen Namen in die Tasche, und machen Sie's wie wir: Durchwandern Sie die Eifel und Ostbelgien, durchradeln Sie die Gegend, fahren Sie durch diese einmalige Region. Im vorliegenden Buch von Ost nach West. So haben wir unsere Stationen für Sie angeordnet, nachdem die vielen Eifelnamen uns keine Klarheit bringen konnten. Erleben und entdecken Sie eine Landschaft, die so Unterschiedliches bereithält wie die Menschen, die in ihr leben und uns willkommen heißen.

Wie kann man eine Landschaft besser kennenlernen, als wenn man genussvoll von ihr kostet? Wir möchten Ihnen Eifler und Ostbelgier vorstellen, die mit Leib und Seele in ihrer Region verwurzelt und stolz auf das sind, was sie uns bieten können. Das Individuelle, das Unverwechselbare kommt nicht aus Büchsen oder Tüten. In unserem Fall stammt es aus der Eifel und Ostbelgien. Wir hoffen, dass es Ihnen mundet.

Hannelore Hippe und Susanne Schug, im September 2015

GLÜCK FÜR PFERD UND MENSCH: DIE EIFEL IST EIN PARADIES FÜR WANDERREITER

AUSGEZEICHNETER SEGELFLIEGER: ROTER MILAN ÜBER FRISCH GEMÄHTEM FELD IM BITBURGER LAND

BIZARRE FELSFORMATIONEN: TEUFELSSCHLUCHT BEI IRREL IN DER SÜDEIFEL

FACETTEN DER EIFEL

Von Märchen und Mythen, die so nicht stimmen

Die Eifel. Klingt das nicht wie überschaubar, schnell zu begreifen und einfach zu verstehen? Dass dem nicht ganz so ist, merkt der Besucher schon bei ihrem Ausmaß: Auf mehr als 5 300 Quadratkilometern dehnt sie sich aus. Das ist mehr als das Doppelte des Staates Luxemburg, der am Südwesten der Eifel klebt. Und auch der Schwarzwald ist nur ein wenig größer. Was zwischen der Kölner Bucht und den belgischen Ardennen, was zwischen Rhein und Mosel liegt, ist nicht einfach etwas, das man flott als „irgend so ein Mittelgebirge" abtun kann. Die landschaftlichen Reize werden wir später noch genauer erkunden. Lassen Sie uns zuallererst drei Märchen über die Eifel als solche enttarnen:

Da ist die Mär vom Eifler, der das Gespräch nicht erfunden hat. Stattdessen stellt er dem Gast lieber etwas Handfestes auf den Tisch. Von der vermeintlichen Einsilbigkeit der Einwohner ist mir bei meinen Streifzügen nichts aufgefallen. Man fühlt sich gleich willkommen, auch wenn der zweite Teil der Behauptung stimmt. Es wird gern und großzügig aufgetischt. „Normal oder Eifler Portion?", hörte ich mal in meiner Kindheit in einem Gasthof in Daun. Das hat sich nicht geändert, seien Sie gewarnt.

Die ersten Eifler, lese ich, die schon in der Steinzeit durch die Eifel streiften, besaßen eine breite Palette an vermutlich schmackhaften Dingen, die sie vor der Höhlentür fanden: Sie aßen, so staunt man, Nashorn und Mammut, Fuchs, Höhlenbär, Rentier und Schneehuhn. Nun, einiges davon hat sich heute erledigt, anderes – wie die beiden letzten Posten – kann man in abgewandelter Form immer noch hier finden. Der Wildreichtum in diesen Wäldern ist legendär. Man ist stolz darauf in allen Restaurants, die wir besuchten, den Jäger, wenn schon nicht das Reh, das man hier liebevoll zubereitet, selbst zu kennen. Und das, seien Sie versichert, behält der Eifler nicht für sich.

Wer durch die Eifel und Ostbelgien streift, kann schnell vergessen, dass es auch Massentierhaltung gibt. Hier scheint sie nicht zu existieren. Saftige, bunte Wiesen werden – und das fällt dem Besucher überall ins Auge – von ganz entspanntem Rindvieh in Beschlag genommen. Sie kauen bedächtig das erste Mal oder schon wieder, lagern träge blinzelnd und chillen den ganzen Tag bei tollem Wetter, hat man den Eindruck. Man will es ihnen auf der Stelle gleichtun.

Das bringt uns schon zur zweiten Mär: dem Wetter. „Rheinisch Sibirien" wurde die Eifel oft betitelt. 1550 schrieb ein Sebastian Münster in einem häufig konsultierten Buch über unsere Region: „Rau von Bergen und Tälern. Kalt, mit ungestümem Regen überschüttet." Der Herr schrieb das in der sogenannten „kleinen Eiszeit". Da lief man auch auf Venedigs Kanälen Schlittschuh. Das wird oft vergessen. Gehalten hat sich das Märchen von der kalten, nassen Eifel bis in unsere Tage. Sicher, auf den Höhenzügen der Eifel weht in den kalten Monaten ein scharfer Wind und peitscht ein starker Regen. In Teilen der Hocheifel und der Nordeifel spurt man dann die Loipen und fährt Ski. Die Sommer können trocken, warm und auch mal heiß sein. Schwül sind sie nie, dafür sorgt die Eifler Brise, die über weites Land bläst.

Das führt uns nun zur dritten Mär: ein armes, karges Land. Die Eifel und das angrenzende Ostbelgien haben über die Jahrhunderte vielen Herren dienen müssen. Römer, Franken, Karolinger, Kurtrier, Kurköln. Kriege, Pest und Hexenwahn. Bis zu Napoleon, den Preußen. Zwei Weltkriege wurden hier zum Teil ausgefochten. Das Land und seine Menschen waren wie so oft die Verlierer. Ausgemergelt, hungernd, um das Überleben kämpfend. Die Menschen hatten kaum eine Perspektive. Die Eifel war im 19. Jahrhundert ein trister Ausgangspunkt, um auszuwandern. So wie Rhön und Hunsrück. Die drei wurden damals in einem Atemzug genannt.

STOLZE TRADITION: EIFELER GLOCKENGIESSEREI IN BROCKSCHEID IN DER VULKANEIFEL

TIEFE WASSER: BLICK IN DIE SCHLUCHT DES ELZBACHTALS

Ein geschundener Landstrich, der bis ins 19. Jahrhundert auch noch einen seiner großen Reichtümer fast komplett verloren hatte: den Wald, der zu Römerzeiten der Region den Namen gab. Raubbau an der Natur wurde über viele Jahrhunderte hinweg betrieben. Der Rotbuchenwald war für die Erzgewinnung fast abgeholzt, der Boden gab nichts mehr her. Die ungeliebten Preußen begannen schließlich, mit Nadelholz aufzuforsten. Wenn man in historischen Quellen stöbert, findet man gleichzeitig Spuren dessen, was sich uns heute präsentiert: Reichtum an Bodenschätzen, Kraft des Wassers und tatsächlich auch sehr fruchtbares Land.

Was man hier alles finden kann, oft schon seit Jahrhunderten, verblüfft in seiner Vielfalt: Wollmanufaktur und Feintuchindustrie, besonders in Ostbelgien und der Nordeifel. Bis nach Indien und Amerika wurden die edlen Stoffe exportiert. Heilquellen in der Vulkaneifel. Die kannten schon die Römer und badeten in ihnen. „Wellnessus Romanus". Schon im 16. Jahrhundert rühmte man die Eifler Quellen, um deren Wasser zu trinken. Mühlen überall. Kartoffelanbau seit 1737 in der Ost- und Mitteleifel. Basalt und Tuff als begehrtes Baumaterial aus der Vulkaneifel gingen in alle Welt. Gerbereien standen um St. Vith und Prüm. Gebraut wurde in Bitburg – bis heute –, und edler Wein kommt von der Ahr. Obstbrände destilliert man seit 300 Jahren in der Südeifel. Flachs wurde nicht zu Gold, so doch zu feinem Leinen in der Vulkaneifel gewoben, fast bis in unsere Zeit.

Die Liste der in unserer Region ansässigen Manufakturen und landwirtschaftlichen Produktionsstätten ist lang und kann sich sehen lassen. In unseren Tagen wird sie vom kulinarischen Standpunkt aus erst richtig aufregend: Wurst und Schinken, Kräuter, Brotaufstriche, Käsereien. Fleisch von höchster Qualität, fangfrische Forellen und Saiblinge aus klaren Gewässern, feine Kuchen und Pralinen, schmackhaftes Brot, frisch gerösteter Kaffee, der in die Nase steigt. Honig von nicht frustrierten Bienen.

In der Eifel ist was los! Das wissen wir nicht nur aus Krimi, obwohl sie auch diese Region im ganzen Land bekannter gemacht haben. Das gastronomische Angebot ist so breit gefächert wie das Land selbst. Kein Wunder, bei dem, was hier zur Verfügung steht. Man muss es nur entdecken. Und dies ist kein Märchen.

DIE HEIMAT DES EIFLER SCHNITZELS

In Löffel's Landhaus hat die Kartoffel ihre große Bühne

Mitten im Herzen der historischen Altstadt von Münstermaifeld, nicht weit von der berühmten Burg Eltz, liegt das Restaurant Löffel's Landhaus. In einem historischen, ehemaligen landwirtschaftlichen Anwesen von 1830, direkt an der mittelalterlichen Stadtmauer mit Wehrturm, verwöhnt Günter Löffel seine Gäste mit moderner deutscher Küche. Sein Landhaus ist Ziel der Freunde einer regional orientierten Küche, die nicht in die Ferne streifen wollen, um das zu finden, was sie schätzen. Bei Löffel's dreht sich fast alles um das Gold der Osteifel. In den schweren Böden des Maifelds gedeiht es: die Kartoffel.

Wer bei Löffel die kulinarische Stadtführung bucht, beginnt dieses einmalige Erlebnis bei ihm mit einem Winzersekt und Eifler Tapas. Nach der vergnüglichen Führung in die wechselvolle Geschichte des Orts genießt der Gast bei ihm das

Maifelder Kartoffelmenü, das als kulinarischen Höhepunkt den Klassiker präsentiert: das Eifler Landhausschnitzel. Knuspriger Kartoffelteig umhüllt edle Füllungen nach Wahl, ob Kalbs- oder Schweinerücken, Lachs oder Ziegenkäse. „Das Eifler", wie die treue Fangemeinde das Schnitzel schon lange nennt, ist die absolute Besonderheit der modernen Landhausküche Günter Löffels. Mittlerweile ist das „Eifler Schnitzel" eine eingetragene geschützte Marke beim Deutschen Patent- und Markenamt und somit im Original nur bei Löffel's zu genießen.

Löffel's Anliegen ist es, den Fokus seiner Gerichte auf die Region zu legen, also die Eifel. Dabei unterstützt den Patron nicht nur der schöne Garten. Sein Speisesaal ist etwas ganz Besonderes. Bevor er sein Restaurant eröffnete, ging hier der Vorhang des einzigen Marionettentheaters von Rheinland-Pfalz auf. Die Bühne bildet heute eine originelle Kulisse für den Hauptakteur, bewacht von Engelchen am Himmel. Der Star ist selbstverständlich die Kartoffel. Umschwärmt von edlen Tropfen der nahen Mosel und der Ahr, gekonnt in Szene gesetzt vom Regisseur, Chefkoch Günter Löffel.

EIFLER LANDHAUSSCHNITZEL VOM SCHWEINERÜCKEN
Dieses Rezept finden Sie auf Seite 43

RESTAURANT LÖFFEL'S LANDHAUS
Günter Löffel
Obertorstraße 42
56294 Münstermaifeld
Tel. 0 26 05 / 95 37 73
info@loeffelslandhaus.de
www.loeffelslandhaus.de

DER TRAUM GEHT WEITER

Bei Steinheuer kann man die Post gleich zweimal genießen

In Heppingen, einem Stadteil von Bad Neuenahr, liegt ein großer Garten, in dem viele Gemüsesorten angebaut und jeden Morgen frisch geerntet werden. Der Weg für sie in die Küche ist denkbar kurz, und genau darauf kommt es Hans Stefan Steinheuer an: „Das beste Produkt für mich ist, das hochwertig und unserem Haus ganz nah ist." Das Haus ist eigentlich das großelterliche Gasthaus „Zur Alten Post" aus dem Jahr 1938. Nur ist es heute Feinschmeckern auf der ganzen Welt sowie Genießern aus der Region bekannt als Steinheuers Restaurant „Zur Alten Post" und Landgasthof „Poststuben". Beide bieten eine gehobene Küche auf unterschiedliche Art, die der Chef seit 1985 präsentiert. Bereits ein Jahr später erhielt er den begehrten Michelin-Stern, und auch nach 30 Jahren höchster Kochweihen ist das ganze Team stolz auf zwei Sterne und andere Auszeichnungen der kulinarischen Weltspitze. Das schaffen nicht sehr viele in dem heiß umkämpften Segment. „In den letzten zehn Jahren hat sich in der Spitzenküche rasant viel

HIRSCHRÜCKEN IM SPÄTBURGUNDERSUD MIT SCHWARZBROTSOUFFLÉ

Dieses Rezept finden Sie auf Seite 42

verändert", berichtet Steinheuer. „Texturen haben eine andere Ausprägung erfahren, und die Garmethoden sind vielfältiger. Insgesamt wird alles scheinbar simpler und dennoch aufwendiger gestaltet." Das reizt ihn und befeuert seine Kreativität. Spannend sind für ihn immer wieder neue Produkte, die man kulinarisch erkunden muss, um sie dem anspruchsvollen Gast unwiderstehlich zu präsentieren. „Vieles kann man hier in unserer Region finden, was unseren Ansprüchen optimal entspricht." So begrüßt man hier die Orientierung vieler Gäste auf die Küche ihrer hochgelobten Poststuben. Fischer liefern Moselaal, ein nahe gelegener Metzger die ganz besondere Kalbsblutwurst, die es nur bei ihm gibt. Das freut die Steinheuers, denn sie sind von jeher ein Familienbetrieb. Kontinuität hat für sie höchste Priorität. Das ganze Team in beiden Restaurants arbeitet seit vielen Jahren verlässlich gut zusammen, und nun ist auch die älteste Tochter Désirée mit ihrem Lebensgefährten mit dabei. „Das freut uns ganz besonders, denn es wird weitergehen." Das hoffen auch die Gäste von nah und fern.

STEINHEUERS RESTAURANT UND HOTEL „ZUR ALTEN POST"
Hans Stefan Steinheuer
Landskroner Straße 110
53474 Bad Neuenahr-Ahrweiler,
Ortsteil Heppingen
Tel. 0 26 41 / 9 48 60
info@steinheuers.de
www.steinheuers.de

AB IN DEN BUCHENWALD

Das Waldhotel Kurfürst bietet Schlemmen mit Entspannung pur

Am Rande des Eifelstädtchens Kaisersesch findet der erholungsuchende Gast im Waldhotel und Restaurant Kurfürst genau das, was er hofft, auf einem Fleckchen für genussreiche Tage vereint zu finden. Fast im Wald liegt das ruhige Hotel, in dem sich Familie Arnicot mit Herz und Passion um die Besucher kümmert. Seit 1995 leiten Lilli, ihr Mann Denis und seit einiger Zeit Tochter Christine das sympathische Waldhotel mit dem einladenden Restaurant, das für seine regional und saisonal orientierte, frische Küche weithin bekannt ist. Wer die Nähe zur Natur und gutes Essen schätzt und dabei nach der Wanderung noch einen Hauch von wohligem Luxus im hoteleigenen Wellnessbereich erleben mag, ist hier an der richtigen Adresse.

Mitten im Eifeler Schiefergebiet liegt das Hotel Kurfürst, wo wunderschöne Täler und Buchenwälder, die einst das Gesicht der Eifel ausschließlich prägten, den Wanderer oder Radfahrer auch zur nahen Mosel locken. Romantik und Entspannung ohne Abstriche. Wer dann in dieses Refugium zurückkehrt, freut sich, auf der Terrasse oder gemütlich drinnen das zu

REHSCHNITZELCHEN MIT DÖPPEKOOCHEN
Dieses Rezept finden Sie auf Seite 43

genießen, was die Küche präsentiert: Eifler Lamm und Rind, aber vor allem natürlich lokales Wild. „Wir wissen nie, was unsere Jäger bringen", lacht Lilli. „In der Pilzsaison sammeln wir auch schon mal Sorten, die nicht jeder kennt, und daher gibt es dann auch auf einer Sonderkarte mal etwas Besonderes." Besonders beliebt sind die „Schlemmer-Arrangements", betont Lilli, die gute Seele des Hauses. „Da ist immer etwas ganz Feines mit dabei. Unsere Küche hat das gewisse französische Flair, das sehr gut ankommt."

Der Gast ist bei Familie Arnicot, darauf legt man großen Wert, keine Nummer. Jeder wird herzlich und individuell betreut. Deshalb kehrt man gern zurück. Oder entdeckt das Waldhotel eben neu. Der Wellnessbereich ist gerade neu eröffnet worden. Damit will man auch die Stammgäste überraschen. „Gastronomie muss Spaß machen", weiß Tochter Christine. „Die Eifel, das merken wir, ist für immer mehr Besucher, auch von fern, richtig attraktiv geworden." Das Waldhotel Kurfürst trägt sicher dazu bei.

WALDHOTEL-RESTAURANT KURFÜRST
Familie Arnicot
Auf der Wacht 21
56759 Kaisersesch
Tel. 0 26 53 / 9 89 10
info@waldhotel-kurfuerst.com
www.waldhotel-kurfuerst.de

SPITZENKRÄUTER SIND KEINE HEXEREI

Warum Eifeler Küchenkraut ein ganz besonderes Pflänzchen ist

Wind und Sonne gibt es in Oberscheidweiler in der Vulkaneifel genug. Die sind Voraussetzung für den Anbau von Kräutern der Spitzenqualität. Seit 16 Jahren ist Julia Moll in der Region bekannt als Kräuterfee. Ursprünglich war die Meisterin blumen- und zierpflanzenerprobt, bis sie sich über den kleinen Unweg des Gemüses in die Kräuter so verliebte, dass sie sie zu ihrer Lebensaufgabe machte. Es sei der Duft, die Aromen, die es ihr angetan haben, gesteht sie. Wer zu ihr kommt – und sie hat Stammkunden von nah und fern –, der schnuppert verzückt und kann sich auf ihrem Hof nicht „satt riechen".

Man staunt, wenn man die Kräuter – mehr als 200 bietet sie an – mit dem vergleicht, was man in Zellophan verpackt in Supermärkten sieht. Julia zieht ihre Kräuter in Freiland- und in Kaltkultur. Das macht sie nicht nur langlebig und widerstandsfähiger beim Kunden, auch der Geschmack ist dann

intensiver. „Ich möchte, dass der Kunde Freude hat an den Kräutern, und zwar lange." Das sind ihr Anliegen und Berufung zugleich. Auf Bauernmärkten und auf Pflanzenbörsen präsentiert sie nicht nur in der Eifel, sondern auch im Saarland und in Luxemburg mit großer Resonanz ihre grünen, duftenden Zöglinge. Minzen, es gibt Hunderte von Varianten, sind im Moment beliebt, speziell für Cocktails. Es gibt Basilikum, und Thymiansorten, die verblüffen. Doch überrascht sie ihre Kunden auch mit Ungewohntem wie mit verschieden duftenden Geranien. Die kommen als Rosen-, Haselnuss- oder Karotten-Note. Was die Natur so alles macht. Der Knaller, so schmunzelt sie, sei Cola-Ingwer im Kleid der Pelargonie. Für Salate, Tees, Marmeladen. Das Alter der Kundschaft liege zwischen sechs und 99 Jahren. Gern lasse man sich von ihren Kräutern mit dem betörenden Duft inspirieren. Vom begeisterten Singlekoch über die Hausfrau bis zum Gastronomen der Spitzenliga. Sie alle beziehen ihre Kräuter mit den robusten Wurzeln gern bei ihr. Man weiß, dass zwar nicht gegen alles auf der Welt ein Kraut gewachsen ist, aber wenn man eins braucht, dann sollte es von hier sein.

ROSMARIN-ZITRONEN-KEKSE
Dieses Rezept finden Sie auf Seite 44

EIFELER KÜCHENKRAUT
Julia Moll
Brunnenstraße 9
54533 Oberscheidweiler
Tel. 0 65 74 / 90 03 19
info@kuechenkraut.de
www.kuechenkraut.de

GUTEN GEWISSENS FLEISCH GENIESSEN

Der Bauernhof Otten produziert Wurst und Fleisch wie früher – heute

Wer in der Vulkaneifel um das Dorf Strohn auf saftigen grünen Wiesen zufrieden kauende Rinder trifft, hat vielleicht den schokoladenfarbigen Limousins der Familie Otten beim Tagewerk zugesehen. Vor 24 Jahren stellten Ottens auf extensive Haltung ihrer Rasse um. Statt Stall nun eine luftige Eifler Weide mit frischem, klarem Wasser und gesundem Futter. Viel Zeit und eine geduldige Portion Überzeugungskraft brauchte es, berichten die engagierten Landwirte, bis auch dem Kunden klar war: Nur die nachhaltige Nähe zur Natur garantiert ein hochwertiges Produkt. Es ist die Einheit einer ungebrochenen Kette, die zum Erfolg und zur Zufriedenheit aller führt: vom Futter bis zur Wurst ohne Zwischenhandel. Und davon profitieren alle – das Tier, der Landwirt und dadurch auch der Kunde. Das schafft Transparenz, die mit Verantwortung zusammengeht.

Martha Otten ist Kräuterpädagogin. Ihre Kenntnis dessen, was die Natur uns schenkt, ohne dass der Mensch zerstörend eingreift, fließt auch in den Betrieb mit ein. Die Basis dafür ist die Landwirtschaft. Norbert Otten baut Futter und Getreide für die Tiere an. Ihre Rinder liefern biologisch zertifiziertes Fleisch, für das der Hof mit der Metzgerei, die bald nach der Umstellung hinzukam, in der ganzen Region bekannt und geschätzt ist. Die

FEINES RINDERKOCHFLEISCH MIT WILDEN KRÄUTERN

Dieses Rezept finden Sie auf Seite 44

Direktvermarktung ihrer hochwertigen Produkte stellt für sie die optimale Lösung dar, um mit ihrem hohen Anspruch ans Produkt die Kundschaft zu erreichen. Der Hofladen ist ein sehr beliebtes Ziel für Freunde edlen Fleischs von nah und fern. Aber auch auf regionalen Bauernmärkten in der Eifel und an der Mosel findet man Otten. Die Kundschaft ist begeistert. Ein Renner ist der Schinken, der schon in der Kriminliteratur Erwähnung fand. Die Würste, speziell traditionelle Erzeugnisse im Glas, sind sehr beliebt und werden wie früher ohne Zusätze frisch gekocht. Im Hofladen findet man auch ausgesuchte Produkte von Kollegen, die mit Familie Otten dieselbe Haltung teilen: Nur wenn wir Respekt vor der Natur bewahren, können wir ohne schlechtes Gewissen mit großem Genuss von ihr kosten.

BAUERNHOF OTTEN
Familie Otten
Hauptstraße 36
54558 Strohn
Tel. 0 65 73 / 4 68
info@bauernhof-otten.de
www.bauernhof-otten.de

MIT HERZ UND TRADITION

In Michels Wohlfühlhotel spielt die Eifel eine Hauptrolle

Schalkenmehren, das „weltweit einzigartige Drei-Maare-Dorf mitten in der Vulkaneifel", ist Naturerlebnis pur. Der Maar-Mosel-Radweg führt hier vorbei. Schon die Lobby des Hotels strahlt Behaglichkeit durch Wärme und Stil aus. Das liegt nicht nur am Kamin, zu dem man sich sofort gesellen mag. Ein Landhotel weckt Vorfreude auf herzliche Gastlichkeit, Entspannung, Ruhe mit einem Hauch Romantik. Gutes Essen und ein edler Tropfen runden den Genuss ab. Ein Ort zum Sich-rundum-Wohlfühlen. „Genau das ist uns Herzensangelegenheit. Wir verstehen uns als betont ländliches Refugium mit einem hohen Standard, das den Gast und sein Wohl fest im Blick hat. Dabei hilft uns ein gutes Team." Hubert und Melanie Drayer sind in ihrem familiär geführten Haus Gastgeber mit Freude und Begeisterung. Die Vulkaneifel ist eine „Gesund-Region", die eine lange Tradition von Wellness für Körper und Seele aufweist. Das wurde hier engagiert fortgesetzt. Ein Wellnessbereich mit großem Pool – wieder mit romantischem Kaminfeuer – unterstützt Entspannung. Es gibt auch einen Eifel-Wohlfühltag, den man als Tagesgast buchen kann. Die Zimmer bieten in allen gehobenen Kategorien großzügigen Landhaustil und eine Prise Eifelromantik in ihrer Ausstattung. Der neu gestaltete Gartenbereich lädt nah am Maar nicht nur zu einem feinen Glas Wein oder Eifeler Bier ein. Hier kann man im Gartenpavillon auch dem Koch über die Schulter schauen. Im Restaurant spielt die Eifel ebenfalls die Hauptrolle. Der Marke Eifel und so der Region verpflichtet, wird hier hauptsächlich mit dem gekocht, was frisch von nebenan stammt. So kann man Eifeler Tafelspitz in Ahr-Burgunder kosten. Ein ganz besonderes Erlebnis verspricht ein Steak vom gefleckten Simmentaler Rind. Doch auch Vegetarier und Veganer finden Eifelspezialitäten und Edles auf der Karte. Was genau ist Eifel-Glück, von dem man schon mal gehört hat? In Michels Wohlfühlhotel hält Familie Drayer ihre ganz besondere Interpretation davon für den Gast bereit.

MICHELS BRATAPFELKONFITÜRE
MIT EIFELER WALNUSSPARFAIT
Dieses Rezept finden Sie auf Seite 45

MICHELS WOHLFÜHLHOTEL
Familie Drayer
St.-Martin-Straße 9
54552 Schalkenmehren
Tel. 0 65 92 / 92 80
info@michels-wohlfuehlhotel.de
www.michels-wohlfuehlhotel.de

MAAR UND MEHR

Familientradition und Gastlichkeit im Hotel Schneider

Eigene Schafe, Puten, Enten, ein Kräutergarten und nicht zuletzt der gute, alte Holzherd in der Küche. Sie alle tragen unter Marita Schild-Mölders herzlicher Regie sehr viel zum Wohl des Gastes bei. Seit 1868 gibt es das Hotel Schneider am Maar in Schalkenmehren. Das eröffneten die Ururgroßeltern der heutigen Chefin. Seitdem ist viel passiert. Nur der direkte Blick auf eins der schönsten Maare ist unverändert herrlich. Das Hotel bietet von gemütlichen Zimmern bis hin zur Familiensuite in allen Kathegorien Behaglichkeit mit Maarblick. Ganz große Romantiker wählen jedoch den alten Schäferwagen im Garten. Der ist sehr begehrt. Eine Wellnessoase vom Feinsten lädt ein, nach einem Streifzug durch Wälder und Streuobstwiesen am Maar hier im Hotel zu entspannen.

Richtig spannend dagegen wird es in der Küche. Auf dem besagten Herd, mit Eifelholz befeuert, kann Geschmortes langsam vor sich hinbrutzeln. Und dann wird ganz typisch Eiflerisches auf den Tisch des Gastes gezaubert. Wie das Eifler

Landbiergulasch. Oder die verrückte Ziege. Eine Versuchung nicht nur für Vegetarier. Ein anderer Hit ist die selbst gemachte Rieslingsülze mit Bratkartoffeln aus der schmiedeeisernen Pfanne. Die steht, man ahnt es, auf dem erprobten Herd, auf dem deftige Eintöpfe und schmackhafte Saucen ziehen. Haben Sie schon mal „Sundesbejdrmotterähsen" bestellt? Hier genau wartet es auf Sie.

Unter der alten Kastanie findet man im Sommer einen Platz zum Genießen bei selbst gebackenen Kuchen oder dem himmlischen Holundersahneeis, das man nur hier für den Gast zubereitet. Wen es nach drinnen zieht, der kann in der „Malerstube" einkehren. Hier lebte und malte einst ein bekannter Eifler Maler. Nun sind seine Eifelbilder die ideale Ergänzung zur Eifler Gastlichkeit, die bei Marita und ihrem freundlichen Team großgeschrieben wird. Für Wanderer führt der Eifelsteig direkt am Haus vorbei. Da braucht man sich bloß noch von Vorfreude erfüllt niederzulassen, denn Maar und Magen bilden hier eine Einheit des Genusses.

SCHNEIDER AM MAAR
Marita Schild-Mölder
Maarstraße 22
54552 Schalkenmehren
Tel. 0 65 92 / 9 55 10
info@hotelschneider.de
www.hotelschneider.de

SCHÄFERSTÜNDCHEN IM SCHNEIDER / MAAR
Dieses Rezept finden Sie auf Seite 46

HIER RIECHT ES ABER LECKER!

Auf Entdeckungsreise in der Dauner Kaffeerösterei

Es war der Duft von frisch geröstetem Kaffee, der Heike Hilberg und ihren Mann Hans Richarz-Hilberg einst dazu verführte, in die Welt der feinen Aromen einzutauchen. Als sie sich entschlossen, nach Daun ins Herz der Vulkaneifel zu ziehen, stand ihr Entschluss fest: Sie wollten ihre eigene Kafeerösterei eröffnen. Das taten sie mit großem Engagement, nachdem sie sich Experten-Knowhow angeeignet hatten. Der Besuch bei Kaffeebauern in verschiedenen Anbaugebieten der Welt steht dabei im Vordergrund und ist ihnen sehr wichtig. Nicht zuletzt, weil der persönliche Kontakt ein faires Miteinander möglich macht. Gute Preise für höchste Qualität.

Was macht einen Spitzenkaffee aus? Erst einmal muss der Rohkaffee, die Kaffeekirsche, selektiv, reif und daher säurearm geerntet werden. Alles in aufwendiger Handarbeit. Genau wie das gleichmäßige Trocknen des Kernes, der Bohne, die dann geröstet wird. Das passiert mitten in Daun – und zwar, das ist für die Qualität entscheidend, bei niedriger Tempera-

tur und langer Röstung. Durch diese Art des Röstens können sich die Aromastoffe voll entfalten. Hans Richarz-Hilberg vergleicht den Kaffee gern und durchaus zu Recht mit edlen Weinen. Dabei ist die Lage genauso wichtig wie der Umgang mit der Rebe. Und so ist das auch bei den Spezialitätenkaffees. Man kann die Herkunft des Kaffees sehr wohl unterscheiden. Einen Lieblingskaffee haben die beiden nicht. Das hängt ganz von der Tageszeit und der Stimmung ab, ob sortenrein oder als fein abgestimmte Mischung. „Wichtig ist, den Kaffee erst kurz vor dem behutsamen Aufbrühen zu mahlen", rät Heike Hilberg. Nur so kommt man in den vollen Genuss des frisch gerösteten Kaffees. In ihrem einladenden Geschäft mitten in Daun, das optimal erreichbar ist, kann man den Kaffee selbstverständlich auch vor Ort genießen und sich dabei ganz entspannt umschauen: Da gibt es hochwertige Schokoladen, feine Liköre, Brände und ausgesuchte Feinkost. Ein ganz besonderes Geschäft mit einem Sortiment, das Verführung zublinzelt, Passion entfacht – und einfach herrlich duftet.

CAPPUCCINO AROMAAR
Dieses Rezept finden Sie auf Seite 47

DAUNER KAFFEERÖSTEREI
Wirichstraße 16a
54550 Daun
Tel. 0 65 92 / 98 29 29
info@dauner-kaffeeroesterei.de
www.dauner-kaffeeroesterei.de

INSPIRATION PUR UND ON THE ROCKS

Wie das preußische Windspiel in die Vulkaneifel kam

WINDSPIEL HIMBEER, GIN & TONIC

Dieses Rezept finden Sie auf Seite 47

Vielleicht mögen es die duftenden Wacholderhänge in der Vulkaneifel gewesen sein, die den Entdeckergeist im Genuss-Team bei Eifelion in Daun entfachten. Möglicherweise waren es die würzigen Kartoffeln, die in der mineralreichen Vulkanerde bis zum Herbst ihrer geschmacklichen Vollendung entgegenschlummern. Der Genius besteht, wie so oft bei einer Melange aus dem Gewöhnlichen – Wacholder mit Kartoffel – darin, dass es durch Mut und Kreativität zu etwas Ungewöhnlichem verschmilzt und dadurch kostbar wird. Das ist dem Eifelion-Team in seltenem Maß gelungen, als sie ihren Gin kreierten: Windspiel Premium Dry Gin.

Warum Windspiel? Sind das nicht die dünnen, eleganten Lieblingshunde des Preußenkönigs Friedrich II. gewesen? Genau! Der war verantwortlich dafür, dass die Kartoffel in unseren Breiten angesiedelt wurde. Wenn man die Kartoffel als Basis für einen weichen, ganz besonderen Gin wählt, was liegt näher, als damit der weitsichtigen Tat des Alten Fritz zu huldigen? Dreimal wird die Vulkaneifelkartoffel gebrannt, bis sie perfekt ist. Da hat Destillateurmeister Holger Borchers schon die „Botanicals" angesetzt und destilliert. Wacholder, Koriander, Zimtrinde, Lavendel. So viel darf man erfahren. Der Rest ist sein wohlgehütetes Geheimnis, und das soll es bleiben. Wer Windspiel kostet, ist beeindruckt von der nuancenreichen Vielfalt des Hochprozentigen, und was Geheimnisse nun mal so an sich haben: Man will lieber fantasieren und genießen. Wer das Getränk nicht pur genießen will, dem sei die Kombination mit Windspiel Tonic Water empfohlen. Der exklusive Longdrink, noch immer Favorit der britischen Upperclass, hat bei uns in jüngster Zeit viele neue Freunde gewinnen können. Man kann den Gin auch hervorragend in andere Cocktails mischen. Die Kreativität sei keiner preußischen Beschränkung unterworfen. Dieses Windspiel lässt man gern von der Leine: Es überzeugt in seiner tiefen Dichte, die im Gaumen schmeichelt und ein kleines bisschen Sehnsucht hinterlässt.

EIFELION GMBH
Geschäftsführung: Sandra Wimmeler
Prokurist: Denis Lönnendonker
Julius-Saxler-Straße 3
54550 Daun
Tel. 0 65 92 / 7 12 81 10
info@windspiel-gin.de
www.windspiel-gin.de

KÜCHE MIT FLAIR

Im Jolly Da Capo genießt man gern eine Zugabe

FELCHENFILETS UND RAVIOLI MIT OCHSENBACKENFÜLLUNG
Dieses Rezept finden Sie auf Seite 48

Wenn man mitten in der „Hauptstadt" der Vulkaneifel Daun das Jolly Da Capo betritt, taucht man sofort in eine stilvolle, doch keinesfalls kühle Genuss-Oase ein. Das Jolly Da Capo ist Restaurant und Enothek in einem. Sofort bekommt man Lust, sich an einem der mediterran hell gehaltenen Tische niederzulassen, an denen man hier rundum verwöhnt wird. Im Sommer wählt man gern dafür die Terrasse. Der Eifeler Albrecht Land ist ein Gastronom mit Herz und Seele, dem man anmerkt, dass er für das, was er dem Gast präsentieren will, brennt. Seinem gut ausgewählten Team macht es Freude, immer aufs Neue – da capo – den Gast zu überraschen. Mit „Jollytas" kann sich jeder eine Auswahl an warmen oder kalten Tapas zusammenstellen, ganz nach persönlichen Vorlieben. Mediterran ist die Küche orientiert. Leicht und dennoch raffiniert. Jeder anspruchsvolle Freund der Pasta wird nicht

enttäuscht werden, doch verwendet man in der Küche ausschließlich bestes Fleisch aus der Eifel. Sei es als saftiges Steak oder als zarter Rücken vom Eifellamm, der überzeugt. Auch Liebhaber frischen Fischs und edler Gemüsekreationen kommen hier auf ihre Kosten. „Ich möchte, dass sich jeder bei uns wohlfühlt", meint Land. Ob als Familie oder bei einem romantischen Vier-Gänge-Dinner zu zweit. Ob bei Feiern im größeren Kreis oder als einzelne Genießer zum Mittagstisch. Willkommen sind auch Besucher von Konzerten, die spät noch bei einem Glas Wein hier zusammensitzen können. Der Teil des Jolly Da Capo, der Enothek ist, bietet für den Weinliebhaber eine breit gefächerte Auswahl feiner Gewächse. Natürlich ist die nahe Mosel sehr präsent, doch hat Land ein exklusives Angebot auch an ausländischen Weinen zusammengestellt, das für jeden Geschmack und Geldbeutel etwas Überraschendes bereithält. Wer einmal in Italien in der Oper war, erinnert sich: Nach einer besonders schön gelungenen Arie stehen alle auf und rufen begeistert: Da Capo! Zugabe! Das sollte man sich merken.

JOLLY DA CAPO RESTAURANT – ENOTHEK
Albrecht Land
Leopoldstraße 32
54550 Daun
Tel. 0 65 92 / 95 82 10
a.land@jollydacapo.de
www.jollydacapo.de

REZEPTE

HIRSCHRÜCKEN IM SPÄTBURGUNDER-SUD MIT SCHWARZBROTSOUFFLÉ

Steinheuers „Zur Alten Post“, Seite 2

ZUTATEN FÜR 4 PERSONEN

HIRSCHRÜCKEN

500 ml Spätburgunder | 2 Thymianzweige | 2 Rosmarinzweige | 5 Lorbeerblätter | 10 Pfefferkörner | 10 Wacholderbeeren | 2 Knoblauchzehen | 1 ausgelöster Hirschrücken (ca. 600 g) | Salz und Pfeffer aus der Mühle

HIRSCHJUS

300 g Zwiebeln | 100 g Karotten | 100 g Knollensellerie | 1 kg Hirschknochen und -flechse | 5 EL Pflanzenöl | 1 TL Tomatenmark | 2 Lorbeerblätter | ½ TL Pfefferkörner | 6 Wacholderbeeren | 1 Thymianzweig | 100 ml Spätburgundersud | 4 cl Armagnac | 40 g kalte Butter | Salz und Pfeffer aus der Mühle

KOHLRABIBEILAGE

2 mittelgroße Kohlrabi | 100 ml Sahne | Muskatnuss | Salz und Pfeffer

APFELBEILAGE

(Je nach Saison können statt Äpfeln auch Kirschen verwendet werden, siehe Foto)

2 Rubinette-Äpfel | 20 g Zucker | 5 cl Rotwein | 5 cl dunkler Portwein | 2 cl Rotweinessig | 1 Lorbeerblatt

SCHWARZBROTSOUFFLÉ

150 g Eiweiß | 20 g Zucker | 95 g Butter | 6 Eigelb | 55 g Haselnussgrieß | 130 g geriebenes dunkles Schwarzbrot (oder Pumpernickel) | Butter zum Einfetten | Mehl zum Ausstreuen | 20 g Butter

ZUBEREITUNG

Den Spätburgunder mit den Kräutern, Gewürzen und Knoblauch aufkochen und auf 60 °C abkühlen lassen. Den Hirschrücken salzen und pfeffern, in den Sud einlegen, den Topf von der Kochstelle nehmen und bei 55 °C circa 20 Minuten garen, bis eine Kerntemperatur von 54 °C erreicht ist.

Für den Hirschjus die Hirschknochen mit 3 Esslöffeln Öl im vorgeheizten Backofen bei 180 °C braun rösten. Klein geschnittene Zwiebeln, Karotten und Sellerie im restlichen Öl anrösten, Tomatenmark dazu, dann so viel Wasser aufgießen, bis alles bedeckt ist. Zusammen mit den Gewürzen und Thymian 1 Stunde kochen. Anschließend passieren und auf 200 Milliliter reduzieren. Nun 100 Milliliter vom Spätburgundersud abnehmen und mit dem Armagnac auf 50 Milliliter reduzieren. Die reduzierten Fonds zusammengeben, mit Salz und Pfeffer abschmecken und kalte Butter einmixen.

Die beiden Kohlrabis schälen. Einen in 4 Millimeter dünne Scheiben schneiden. Mithilfe eines Ausstechers Kreise ausstecken und alles in der Sahne mit Salz, Pfeffer und Muskat bissfest garen. Den zweiten Kohlrabi in feine lange Streifen (Juliennes) schneiden, kurz in kochendem Wasser blanchieren und abtropfen lassen. In der entstandenen Kohlrabisauce schwenken und nochmals abschmecken.

Die Äpfel schälen und in Kugeln ausstechen. Den Zucker schmelzen und mit Rotwein, Portwein und Rotweinessig ablöschen. Das Lorbeerblatt zugeben und circa 15 Minuten köcheln lassen, dann die Apfelkugeln in den Sud einlegen und garen.

Für das Schwarzbrotsoufflé das Eiweiß mit Zucker zu Schnee schlagen. 75 Gramm Butter schaumig schlagen und die Eigelbe nach und nach hinzufügen. Den Haselnussgrieß und 120 Gramm Schwarzbrot unterrühren, das Eiweiß unterheben. Die Masse in 4 gebutterte und gemehlte Soufflëförmchen verteilen. In eine Pfanne mit kochendem Wasser stellen und im vorgeheizten Backofen bei 180 °C Ober- und Unterhitze circa 12 Minuten garen. Das restliche Schwarzbrot in der restlichen Butter rösten. Die fertigen Soufflés stürzen und die gerösteten Schwarzbrotbrösel darauf verteilen.

ANRICHTEN

Die Kohlrabi-Juliennes jeweils mit einer Fleischgabel leicht aufrollen und in der Mitte des Tellers platzieren. Den aufgeschnittenen Hirschrücken darauflegen. Apfelkugeln und Kohlrabitaler außen herum drapieren und etwas Hirschjus angießen. Zuletzt das Schwarzbrotsoufflé dazu.

EIFLER LANDHAUSSCHNITZEL VOM SCHWEINERÜCKEN

Restaurant Löffel's Landhaus, Seite 22

ZUTATEN FÜR 4 PERSONEN

1 kg rohe frisch geschälte festkochende Kartoffeln | Muskat | 2 TL gehacktes Majoran | 1 (Eifel-)Ei | 600 g (= 4 x 150 g) Rückensteak vom Eifelschwein | 2 Knoblauchzehen (optional) | 50 g Mehl | 250 ml Rapsöl | Salz und Pfeffer aus der Mühle

ZUBEREITUNG

Die rohen Kartoffeln grob reiben und mit Salz, Muskat und Majoran würzen. Das Eiweiß dazugeben und die Hälfte der Masse auf ein Arbeitsbrett geben.

Schweinerückensteak mit Salz und Pfeffer würzen und mit ausgepresstem Knoblauch einreiben. Danach leicht in Mehl wenden und anschließend auf die ausgebreitete Kartoffelmasse legen. Die restlichen geriebenen Kartoffeln oben drauflegen und unter leichtem Drücken formen.

Eine Teflonpfanne mit Rapsöl erhitzen und das „Eifler" vorsichtig einlegen. Nun erst einmal etwa 5 Minuten kräftig braun anbraten lassen, danach umdrehen und auch auf der zweiten Seite in Ruhe und ohne großes Hin- und Herschieben braun werden lassen. Die gesamte Garzeit beträgt circa 20 Minuten.

ANRICHTEN

Das Eifler Landhausschnitzel auf einem Teller anrichten, eventuell zusammen mit einem frischen Salat. Aber auch eine passende Gemüsebeilage schmeckt dazu sehr gut.

REHSCHNITZELCHEN MIT DÖPPEKOOCHEN

Waldhotel-Restaurant Kurfürst, Seite 26

ZUTATEN FÜR 4 PERSONEN

600 g sauber geputzte Rehschnitzelchen (vom Wild-Metzger) | Mehl | 1 TL Butterschmalz | Salz und Pfeffer aus der Mühle | 0,4 l Wildfond (Glas oder Eigenherstellung) | 0,1 l Rotwein | 10 g Zartbitterschokolade, gehackt

EIFELER DÖPPEKOOCHEN

50 g Zwiebel, gewürfelt | 50 g Speck, gewürfelt | 1 EL Butterschmalz | 600 g Kartoffeln | 1 Ei | Muskat | Salz und Pfeffer aus der Mühle

ZUBEREITUNG

Die Rehschnitzelchen mit Salz und Pfeffer würzen, in Mehl wenden und 3 Minuten in der heißen Pfanne mit 1 Teelöffel Butterschmalz braten. Schnitzelchen auf vorgewärmte Teller geben.

Den Bratensatz mit Wildfond und Rotwein aufschütten, bei voller Hitze schnell auf die Hälfte reduzieren und vom Herd nehmen. Die Sauce nach Geschmack noch mit etwas Salz und Pfeffer nachwürzen und mit Zartbitterschokolade vollenden.

Für die Eifeler Döppekoochen die Zwiebelwürfel mit den Speckwürfeln im Butterschmalz anschwitzen. Die geschälten Kartoffeln halb reiben, halb fein stiften, mit dem Ei, Salz, Pfeffer und Muskat würzen. Die Masse in 8 gefettete Muffinförmchen füllen und 25 Minuten bei 160 °C backen. Dazu saisonales Gemüse nach Wunsch.

Tipp: Als Vorspeise empfehlen wir unser Eifel-Carpaccio. Dieses besteht aus gekochtem Rindfleisch, kalt, dünn aufgeschnitten, mit Senfsauce, Salatbouquet und Käseraspeln.

REZEPTE

ROSMARIN-ZITRONEN-KEKSE

Eifeler Küchenkraut, Seite 28

ZUTATEN FÜR ETWA 40 KEKSE

150 g Butter | 150 g Zucker | 1 Prise Salz | 1 Ei | 4 Rosmarinzweige | 320 g Mehl | abgeriebene Schale von 2 unbehandelten Biozitronen

ZUBEREITUNG

Die weiche Butter mit 100 Gramm Zucker und Salz schaumig rühren. Ei zugeben und die Masse kurz aufschlagen. Rosmarinnadeln vom Zweig ziehen, klein hacken und sofort unter das Mehl mischen. Zu der Masse geben und daraus zügig einen Teig kneten.

Den Teig halbieren und auf einer leicht bemehlten Fläche 2 Rollen von etwa 3–4 Zentimeter Durchmesser formen. Falls der Teig zu warm und klebrig sein sollte, für kurze Zeit kühlen. Die restlichen 50 Gramm Zucker mit dem Abrieb der Zitrone vermischen und die Teigrollen darin wälzen. In Frischhaltefolie wickeln und für mindestens 2 Stunden kühlen – noch besser über Nacht.

Ofen auf 200 °C vorheizen. Teigrollen in etwa 1 Zentimeter dicke Scheiben schneiden und auf ein mit Backpapier ausgelegtes Backblech legen. 10–12 Minuten backen. Die Kekse sollen nicht braun werden. Abkühlen lassen und essen.

Falls von dem Zitronenzucker etwas übrig bleibt, kann er getrocknet aufbewahrt und später verwendet werden.

FEINES RINDERKOCHFLEISCH MIT WILDEN KRÄUTERN

Bauernhof Otten, Seite 30

ZUTATEN FÜR 4 PERSONEN

1 kg Rindfleisch aus der Keule vom jungen Limousine-Rind, gut abgehangen | 1 Bund Suppengemüse (Sellerie, Lauch, Karotte) | 1 Lorbeerblatt | Salz

MARINADE

2 hart gekochte Eier | Wildkräuter der Saison (Knoblauchrauke, eine Spur Gundermann, kleiner Wiesenknopf, Wegerichblätter und -knospen, wilder Oregano, Schafgarbenblättchen, ein wenig Beinwell- oder Borretschblätter | 4 EL gutes Rapsöl | 3 EL Holunderessig | 3 EL Rinderbrühe | 1 TL Honig | 1 TL Senf | Salz und frisch gemahlener Pfeffer

ZUBEREITUNG

Das Rindfleisch kalt abspülen und in gesalzenes kochendes Wasser geben. Nach dem Aufkochen das geronnene Eiweiß abschöpfen, Suppengemüse hinzufügen und alles 2 Stunden lang leise vor sich hin köcheln lassen. Danach das Fleisch in der Brühe abkühlen lassen.

Nach dem Erkalten wird es dünn aufgeschnitten und in folgender Vinaigrette mariniert: Für die Marinade Eier pellen und fein würfeln, Wildkräuter sehr fein schneiden, Öl, Essig, Brühe und Gewürze mit einem Schneebesen gut verrühren und die Kräuter hinzufügen.

Das geschnittene Fleisch darin marinieren und später mit den gewürfelten Eier anrichten. Abgerundet mit ein paar essbaren Blüten (wie Malve, Ringelblume, Taglilie und Borretschblüten) ein sommerlicher Genuss.

MICHELS BRATAPFELKONFITÜRE MIT EIFELER WALNUSSPARFAIT

Michels Wohlfühlhotel, Seite 32

ZUTATEN

1 kg Äpfel (säuerliche Apfelsorte) | 100 g Mandelstifte | 20 g Butter | 50 ml Birnensaft | 500 g Gelierzucker 1:2 | Saft von 1 unbehandelten Zitrone | 2 Zimtstangen | 1 Päckchen Bourbon-Vanillezucker | 150 ml Apfelsaft | 100 g Rosinen

WALLNUSSPARFAIT

300 g Walnüsse | 3 EL Butter | 900 ml Milch | 3 Vanilleschoten | 300 g Zucker | 300 g Marzipan | 6 cl Amaretto | 18 Eigelb | 950 ml geschlagene Sahne

ZUBEREITUNG

Äpfel waschen, entkernen und in kleine Würfel schneiden. In einer Pfanne die Mandelstifte goldbraun rösten. Die Butter in einem Topf erhitzen, die Apfelwürfel darin anbraten und mit dem Birnensaft ablöschen. Zucker, Zitronensaft, Zimt, Vanillezucker, Apfelsaft und Rosinen unterrühren.

Die Konfitüre aufkochen, dann bei sprudelnder Hitze etwa 5 Minuten kochen lassen. Anschließend die Mandelstifte untermischen. Die fertige Konfitüre sofort in saubere Gläser füllen, zeitnah verschließen und auf den Deckel stellen. Nach circa 10 Minuten werden die gefülltenGläser wieder umgedreht. Die Konfitüre ist mindestens 3 Monate haltbar.

Für das Walnussparfait die Walnüsse in der Pfanne mit Butter rösten. Die Milch mit den Vanilleschoten aufkochen und Walnüsse hinzufügen. Erneut aufkochen. Die gekochte Masse mixen, Zucker, Marzipan und Amaretto dazu und alles zusammen erneut mixen. Diese gemixte Masse und die Eigelbe auf dem Herd abziehen bzw. eindicken lassen. Das passiert übrigens bei Temperaturen, die gefährlich nah am Rühreibereich liegen. Das Erhitzen sollte also nur so schnell erfolgen, wie man auch rühren kann. Wie der Begriff schon andeutet, geht es dabei eher um ein „Abziehen“, also darum, Masse mit einem Spatel vom Schüsselrand wegzubewegen, als um wirkliches Rühren. Die Benutzung eines Schneebesens ist nicht zu empfehlen, da so viel Schaum entsteht und man die Konsistenz der eigentlichen Creme nicht mehr so gut beurteilen kann. Nachdem alles kalt gerührt wurde, zu guter Letzt die geschlagene Sahne unterheben und das Parfait einfrieren.

SCHÄFERSTÜNDCHEN IM SCHNEIDER AM MAAR

Schneider am Maar, Seite 34

ZUTATEN FÜR 4 PERSONEN

800 g frisches Ziegen- oder Lammhackfleisch | 100 g Ziegenfeta oder -camembert, gewürfelt | 2 Eier | 2 Schalotten, in feine Würfel geschnitten | 1 altbackenes Brötchen, eingeweicht und gut ausgedrückt | Rosmarin, Thymian, Petersilie, Majoran | 2 Knoblauchzehen | 4–8 ganze Wirsing- oder Weißkohlblätter ohne Strunk | Salz und Pfeffer aus der Mühle

KARTOFFELRÖSTI VON ROHEN KARTOFFELN

1 kg festkochende Kartoffeln | 2 Schalotten | Petersilie | 2 Eigelb | Muskatnuss | 100 ml Rapsöl-Butter | Salz und Pfeffer aus der Mühle

ZUBEREITUNG

Das Hack wie gewohnt herstellen, dann die frischen Kräuter und den Knoblauch hacken, mit allen anderen Zutaten vermengen und schließlich mit Salz und Pfeffer abschmecken.

Die Wirsing- oder Weißkohlblätter kurz blanchieren und ausgebreitet in eine Suppenkelle legen. Die Hackmasse auf das Wirsingblatt in der Kelle geben und mit dem überstehenden Wirsing zuschlagen. Auf ein gebuttertes Blech in den Backofen schieben und bei 180 °C Umluft circa 15–20 Minuten garen.

Für den Kartoffelrösti die Schalotten in feine Würfel schneiden, Petersilie hacken und mit den Eigelben in eine Schüssel geben. Kartoffeln schälen, grob reiben, sorgfältig ausdrücken und in die Schüssel geben. Die abgesetzte Kartoffelstärke und die Gewürze unterrühren. Den Teig in Rapsöl-Butter goldgelb von beiden Seiten braten.

Dazu passen eine leichte Tomatensauce mit vielen Kräutern und Knoblauch sowie gegrilltes Zucchinigemüse.

CAPPUCCINO AROMAAR – UNSERE KREATION ALS HOMMAGE AN DIE DAUNER MAARE

Dauner Kaffeerösterei, Seite 36

ZUTATEN FÜR 1 PORTION

Espresso |
Milch |
Pistaziensirup |
Pistazien, gehackt

ZUBEREITUNG

Ein Espresso in die Tasse laufen lassen und mit cremig aufgeschäumter Milch auffüllen. „Das Maar" mit Pistaziensirup in der Mitte der Tasse in den Milchschaum gießen und den Innenrand der Tasse mit gehackten Pistazien bestreuen. Viel Vergnügen!

WINDSPIEL HIMBEER, GIN &TONIC

Eifelion, Seite 38

ZUTATEN FÜR 1 PERSON

4 cl Windspiel Premium Dry Gin |
250 ml Windspiel Tonic Water |
5–6 Himbeeren |
Eiswürfel

ZUBEREITUNG

In ein Glas die Himbeeren sowie die Eiswürfel geben. Die Eiswürfel reichen dabei idealerweise bis zur Glasmitte. Anschließend das Glas mit Windspiel Gin sowie Windspiel Tonic Water auffüllen und den erfrischenden Drink genießen.

REZEPTE

FELCHENFILETS UND RAVIOLI MIT OCHSENBACKENFÜLLUNG

Jolly Da Capo, Seite 40

ZUTATEN FÜR 4 PERSONEN

NUDELTEIG

180 g Mehl | 50 g Hartweizengrieß | 30 ml Olivenöl | 3 Eier | Salz

OCHSENBACKENFÜLLUNG

2 Stück Ochsenbacken | 50 g Sellerie | 50 g Karotten | 80 g Zwiebeln | 40 g Tomatenmark | 1 Lorbeerblatt | Nelke | Wacholderbeere | 100 ml Rotwein

SPARGEL UND PFIFFERLINGE

24 Stangen grüner Spargel | Butter | Limone | 400 g Pfifferlinge | Zwiebeln | Speck nach Geschmack | Salz und Pfeffer aus der Mühle

FELCHEN

4 Felchen bzw. 8 Filets vom Laacher See | Ingwer | Olivenöl zum Anbraten | Salz und Pfeffer aus der Mühle

ZUBEREITUNG

Als Erstes für den Nudelteig alle Zutaten zu einem glatten Teig verarbeiten und 2 Stunden ruhen lassen.

Die Ochsenbacken halbieren, mit Salz und Pfeffer würzen, in einer Pfanne anbraten. Sellerie, Karotten und Zwiebeln zugeben und alles mit anschwitzen. Das Tomatenmark hinzufügen, Lorbeerblatt, Nelke und Wachholderbeere dazu und mit dem Rotwein ablöschen. Anschließend das Ganze zugedeckt im Ofen bei 200 °C circa 2 Stunden fertig garen. Die Backen abkühlen lassen, die Sauce passieren, dann das Fleisch unter die Sauce heben und zur Seite stellen.

Den Nudelteig ausrollen. Für die Ravioli in circa 4 mal 4 Zentimeter große Stücke schneiden, einen Esslöffel von der Fleischmasse darauflegen, den Rand mit Eigelb bestreichen und mit einer weiteren Nudelplatte bedecken. Mit einer Gabel etwas den Rand zusammendrücken und in Salzwasser abkochen. 4 Stück reichen für eine Person.

Den grünen Spargel am unteren Ende etwas anschälen und in Salzwasser garen, danach sofort in Eiswasser abkühlen, sodass er die Farbe behält. Dann in Butter schwenken, mit Salz, Pfeffer und etwas Limone würzen.

Die Felchenfilets mit Salz, etwas Pfeffer und Ingwer würzen und in Olivenöl anbraten. Dabei aufpassen, dass die Haut schön kross bleibt.

ANRICHTEN

Den Spargel sternförmig auf dem Teller anrichten, die in Butter geschwenkten Ravioli in der Mitte platzieren, 2 Felchenfilets darauflegen und zum Schluss die in Butter mit Zwiebeln und Speck leicht angebratenen Pfifferlinge darüber verteilen.

BLICK ÜBER DIE WEISSE PFARRKIRCHE ST. SEBASTIANUS IN DORSEL AUF DEN AREMBERG

DOTTERGELBER BLICKFANG: IM FRÜHSOMMER BLÜHEN AUCH IN DER EIFEL DIE SCHLÜSSELBLUMEN

EIFELNAMEN

Von blaugrünen Augen, Geisterzügen und gesegneten Kräutern

Die Eifel, wo kommt der Name her? Bei so „vielen" Eifeln, wir ahnen es, sind sich die Experten auch nicht einig, wie unsere Region zu ihrem Namen kam. Im Angebot stehen daher wieder mehrere Möglichkeiten, die alle passen. Die einen sagen: „Anfill", da kommt die Eifel her, und das heißt „eine nicht ganz ebene Fläche". Wer die Eifel auf malerischen Fahrrad- oder Wanderwegen erkunden mag, wird sofort zustimmen. Es gibt zahllose tiefe Täler, meist von Flüssen und Bächen durchzogen. Es schlängelt sich die Kyll zum Beispiel, die Prüm, die Lieser, Salm, Sauer, Urft, Olef, Rur und Kall. Die Elz, die Ahr.

Das bringt uns nun die zweite Deutung nahe: „Aflial" ist keltisch und heißt „Wasserland" und „wasserreiches Gebirge". Das passt noch viel besser! Im Süden gibt es doch die Maare. Sie füllen mit Wasser, sehr viel Wasser, die Krater der Vulkane. Man nennt sie gern die blaugrünen Augen der Eifel. Geologen halten übrigens die Vulkane in der Eifel für nicht erloschen. Doch keine Angst! Der letzte Ausbruch ist 11 000 Jahre her, und keiner ist vorhergesagt. Uns laden die Vulkanseen zum Umwandern und zum Baden ein. Ein Bad im Maar ist kein Bad im Meer. Es ist sanfter und sehr entspannend. Und wen dann noch der Gedanke kitzeln mag, in einem aktiven Vulkan zu plantschen, der merkt, das ist kaum zu toppen …

Im Norden dagegen präsentieren sich die großen Seen, gestaut und nicht gestaut. Prächtige Seen. Für Sport und Spiel und einfach nur zum Gucken. Sie liefern Strom und Trinkwasser. Und Wasserfälle gibt es ohne Ende, besonders in der Mitte, wo es wildromantisch ist.

Doch irgendwann geht´s wieder hoch. Man ächzt und schuftet. Zu Fuß oder mit dem Rad. Doch oben wird man dann von weiten Ausblicken belohnt, die so spektakulär sind, dass auch unsere Nachbarn aus den Niederlanden gerne hierherkommen, um „höhere Lande" zu erleben. Und sie sind mit den Bergen hier so rundum zufrieden, dass sie nicht mehr weiter südlich danach suchen müssen. Die höchsten Berge liegen über 700 Meter. Die Hohe Acht, der höchste Eifelgipfel, ist 764 Meter hoch. Und da genau gehört der letzte Vorschlag hin, wie die Eifel zu ihrem Namen kam: Sprach- und Namensforscher meinen, „Akuella", da kommt die Eifel her, und das heißt „Land mit Gipfeln". Wir schlagen vor, wir nehmen alle drei.

Die Gastlichkeit der Menschen hier ist seit Jahrhunderten eng mit Bräuchen und Traditionen verknüpft, die bis heute das ganze Jahr markieren. Hier sind nur einige genannt, die Liste ist nicht vollständig und soll nur einen kleinen Einblick geben, dass man hier gerne feiert und immer etwas fand, was sich zu feiern lohnte. Karneval gibt es hier überall, doch nur Blankenheim hat einen Geisterzug, mit dem der Winter aus-

IMMER DABEI: „BESTE FREUNDE" IN BAUSENDORF

EINE EIFLER ZIEGENDAME

getrieben wird. Die Fastenfeuer, davon die „Radscheiwen“ bei Gerolstein, sind, weil sie die Sonne symbolisch darstellen, vorchristlichen Ursprungs. Die Kläpperjungen künden in der Eifel lautstark Ostern an. Das Osterwasser in der Eifel, wenn es zur rechten Zeit gesammelt wird, soll uns Schönheit bringen. Der Maibaum steht, aktenkundig erwähnt seit 1224, hier bunt geschmückt in fast jedem Dorf. In der Nordeifel gibt es noch zu dieser Zeit die Versteigerung der jungen Mädchen. Was sich dahinter verbirgt, finde der Gast selbst heraus ... Am Krautwischtag, dem 15. August, werden bis heute in Eifelgemeinden die Kräuter gesegnet – und dann feiert man. Die Säubrenner Kirmes in Wittlich ist sehr beliebt, wie überhaupt im Herbst das Kirmesleben eine Hochzeit in der ganzen großen Eifel hat. Dann kommt St. Martin, bald darauf St. Nikolaus. Der ist der Volksheilige der Eifel, und der wird hier ganz besonders verehrt. Das Weihnachtsfest wird wie überall gefeiert, doch kurz darauf schon beginnen hier noch die „Zwölften“ oder die „Raunächte“: Zaubernächte von Weihnachten bis zum Tag der heiligen drei Könige. Was da passiert, kann man bei Shakespeare schmunzelnd nachlesen.

Wir merken, in der Eifel ist das ganze Jahr über Saison. Natur und Mensch sind hier ganz eng zusammengerutscht. Schaut man sich die alten Eifler Sagen an, wird das noch greifbarer: Da gibt es das Erdmännchen von Kall, den Schäfer vom Pulvermaar, das Pestflämmchen aus Dudeldorf, den Schatz im Sarg vom Münstereifel, das weiße Lamm aus Münstermaifeld. Die Eifel inspirierte Maler und Dichter bis heute. Die Eifler schmunzeln dann, wenn man sie darauf anspricht. Sie wissen schon, warum. Es ist ein Landstrich mit einer fast magischen Atmosphäre. Und wenn man hier zu Gast ist, spürt man das genau.

WIE VIEL EIFEL DARF ES SEIN?

In der Heidsmühle gibt es nicht nur frische Forellen, sondern von allem etwas

Die Landschaft um Manderscheid bietet das, was die Eifel so anziehend macht für Wanderer, Mountainbiker und all ihre Besucher: Wasser, Wälder, Berge, Krater. Hier gibt es von der Vielfältigkeit der Eifel einfach alles. Da darf die typische Eifler Mühle nicht fehlen. Seit 1885 drehte sich das große Mühlrad der Heidsmühle an der Kleinen Kyll. Zuerst um zu mahlen, dann um ein Sägewerk anzutreiben, und nun dreht sich hier alles um den Gast. In der fünften Generation führt Tobias Stadtfeld mit seinem Team das Hotel mit Restaurant und Café. Das Wasser ist geblieben. Vorne kann man am Teich Enten und Schwänen entspannt zublinzeln, hinter der Mühle liegt die Forellenzucht. Zweimal am Tag werden sie gefangen und für den Gast zubereitet. Auch andere Eifler Spezialitäten erwarten uns. Als Gastgeber der Regionalmarke Eifel fühlt sich Tobias Stadtfeld der Heimat besonders verbunden. Weil die Produkte von hier stammen und man das schmeckt. Die hauseigene Konditorei backt Torten nach Rezepten, die dem Gast schon seit Jahrzehnten munden und die man sonst kaum findet. „Wir sind für alle unsere Gäste offen", betont der Gastgeber. Hunde, Wanderschuhe, die zeigen, wo sie gerade gewesen sind – hier ist für jeden Platz. Das Restaurant ist gemütlich, die Terrasse präsentiert uns aufs Beste, was wir hier suchen: die Natur. Man genießt die Ruhe im Wald. Von hier kann man die Kleine Kyll entlangwandern. Der Eifelsteig durchs Liesertal ist knappe zwei Kilometer entfernt. Dort wird der Gast auch abgeholt und wieder hingebracht. Gern organisiert man hier auch Wanderpicknicks, ein ganz besonderer Service. Man stelle sich vor: Da wandert man seit Stunden und denkt an etwas Leckeres. Und plötzlich steht Tobias mit einem leckeren Eifel-Imbiss auf der nächsten Lichtung. Kein Traum!

Die Familie wandert selbst begeistert oder durchkämmt die Region auf dem Mountainbike. Das sei gut, meint er, so kennen sie ihre Wälder perfekt. Als kürzlich ein Gast verzweifelt anrief, da er sich verlaufen hatte, war das kein Problem. Aufgrund der genauen Kenntnis konnte man ihn ganz schnell „retten". Bald darauf genoss er schon die fangfrische Forelle.

EIFELER DÖPPEKOOCHE MIT RÄUCHERFORELLE

Dieses Rezept finden Sie auf Seite 74

HOTEL-CAFÉ-RESTAURANT HEIDSMÜHLE
Tobias Stadtfeld
Mosenbergstraße 22
54531 Manderscheid
Tel. 0 65 72 / 7 47
post@heidsmuehle.de
www.heidsmuehle.de

EINFACH SITZEN UND SEIN

Die Nohner Mühle hat eine offene Tür ins kleine Paradies

Als Martha Reif-Kändler 1996 von der Mosel kommend zum ersten Mal die Nohner Mühle betrat, war es Liebe auf den ersten Blick. Die historische Mühle stammt aus dem Jahr 1778 und liegt nur ein paar Minuten entfernt von einem der schönsten Wasserfälle der Eifel, dem Dreimühlenwasserfall bei Ahütte. Auch der Kalkeifel-Radweg führt hier vorbei. Beides lädt ein, hier Rast zu machen, doch nicht nur deshalb kommen die Gäste gern hierher. Das Café bietet innen, wenn es draußen zu heiß oder zu kalt ist, ein urgemütliches Refugium im umgebauten Schweinestall. Ein Bollerofen, dazu filigrane alte Möbel lassen den Gast in eine entspannte Stimmung eintauchen, die Marthas berühmte Waffeln und ihr leckerer Kuchen tatkräftig fördern. Doch wenn es möglich ist, sitzt man am liebsten im mit Natursteinen gepflasterten wunderschönen Innenhof unter der mächtigen Kastanie. „Dort wurden schon zahlreiche Freundschaften unter Fremden geschlossen", freut sich Martha. Der Mühlbach im Ahbachtal plätschert direkt daneben, und auch das alte Mühlrad klappert noch ab und zu. „Hier kann man einfach nur sitzen und sein", ergänzt ihr Mann Wolfgang Kändler, der für das liebevoll renovierte Seminarhaus in der alten Scheune zuständig ist. Yoga, Meditations- und Tanz-

WAFFELN MIT HEISSEN KIRSCHEN
Dieses Rezept finden Sie auf Seite 74

workshops finden hier statt, und auch ein Kindergarten ist mal zu Besuch. In der Nohner Mühle steht der Mensch, das Miteinander im Vordergrund. Es ist beiden Kändlers wichtig, dass alles überschaubar bleibt. Nur so kann man sich dem Einzelnen auch widmen.

Was diesen Ort für den Gast unseres lauten hektischen Jahrhunderts so anziehend macht, ist nicht zuletzt die Stille, die Ruhe, die einen sofort umfängt und auf die eigene Stimmung abstrahlt. Kändlers lieben die weiten Blicke, die man in der Eifel genießen kann, und dann wieder die Abgeschiedenheit der Schluchten und der Täler. „Wir leben hier in einer Ergänzung zum Paradies und freuen uns, es mit anderen zu teilen." Über der altmodischen Tortenvitrine im Café schwebt Martha als Marionette. Der Gast muss schmunzeln. Die gute Fee der Nohner Mühle.

NOHNER MÜHLE
Martha Reif-Kändler
Nohner Mühle 2
54578 Nohn
Tel. 0 26 96 / 13 14
info@nohnermuehle.de
www.nohnermuehle.de

„WIR LEBEN BROT"

In der Bäckerei Utters ist Hefe das modernste Hilfsmittel

Wer die Bäckerei Johann Utters und Sohn im vulkaneifelschen Dockweiler betritt, atmet erst einmal tief ein und ist überwältigt. Der Duft nach frischem Brot erfüllt den nostalgisch gehaltenen Verkaufs- und Gastraum, in dem man sich sofort niederlassen mag. Brot stellt für uns alle ein Stück Heimat dar, und gutes Brot, das ehrlich und unverwechselbar ist, ist heute leider rar. Josef Utters Brot ist nicht nur schmackhaftes Grundnahrungsmittel, es ist Kunst im Brot. Der Enkel des Gründers Johann mit dem Hut, dem er sich verpflichtet fühlt, erklärt stolz: „Wir machen nichts wie andere". Das heißt in einer Zeit, wo Fertigmischungen aus Backstuben unseren Geschmack bestimmen, ist bei ihm Hefe das modernste, was er benutzt. Mehl, Wasser, Sauerteig, ein wenig Salz. Das war's. Und Zeit. Der Verzicht auf Schnickschnack, der nicht durchschaubar ist, macht den wahren Künstler aus. Hier wird nicht geblendet, und das schmeckt man beim ersten Biss. Die Utters stellten nicht nur komplett auf biologische Zutaten um, sondern, so erzählt der Bäcker, sie kennen den regionalen Landwirt, von dem sie das Getreide schon seit Langem beziehen, und reden miteinander. Gemahlen wird an Ort und Stelle, so wie es Tradition ist. „Hier in der Eifel leben wir an der Brotschwelle", erfährt man von ihm und staunt. Dinkel gehörte

BROTRESTE-SIND-DAS-BESTE-SALAT

Dieses Rezept finden Sie auf Seite 75

schon immer in diese Region. Weiter im Süden gibt's mehr Weizen, nach Nordosten mehr Roggen. Die Eifel liegt mittendrin, und das zeigt sich auch im Brot. Josef bildet engagiert Nachwuchs aus und lädt Kinder gern in seine Backstube. Nur wenn die erfahren, wie gutes Brot entsteht, werden sie auch als Erwachsene, so sein erklärtes Ziel, ein wenig süchtig nach echtem Brot und können es herausschmecken. Er experimentiert gern, und die Walnuss-Hagebutten-Schnitten sind eine Eigenkreation, wie alles andere in der gemütlichen Bäckerei. Für den Sommer gibt es eine Terrasse, wo man die Uttersche Backkunst genießen kann. Im Herbst und Winter sitzt man dann drinnen mit Blick auf die Regale voller knuspriger Produkte. Und wenn man ehrlich ist: Das ist fast noch besser, weil man diese Kunst dann auch riechen kann.

BÄCKEREI JOHANN UTTERS & SOHN
Josef Utters
Hauptstraße 6
54552 Dockweiler
Tel. 0 65 95 / 9 20 60
mehlbox@brotkunst.de
www.brotkunst.de

Eicks

SCHMECKEN, WO MAN IS(S)T

23 Windeckhaus präsentiert die Schönheit der Region im Essen

Das 23 Windeckhaus von außen betrachtet lässt den Besucher, der durch die malerische Altstadt von Bad Münstereifel streift, voller Bewunderung innehalten. Man bezeichnet es als eins der schönsten Fachwerkhäuser Deutschlands, und das will etwas heißen. Betritt man dann als Gast das umsichtig restaurierte Gebäude von 1664, um im Restaurant zu tafeln, besticht die stilsichere Vermählung von Tradition und Moderne auf zurückhaltende Weise. Nichts buhlt im grellen Spotlight um oberflächliche Aufmerksamkeit, die schnell verschwindet. Hier fühlt man sich geerdet. Genau das setzt sich in der Küche fort. Küchenchef Frank Eicks verwendet fast ausschließlich Produkte aus der Heimat. „Wir haben eine sehr alte Esskultur, die es wert ist, wieder entdeckt und ins 21. Jahrhundert gerettet zu werden." Der erfahrene Koch weiß, dass der Verzicht auf Lebensmittel aus der ganzen Welt eben kein Mangel ist, sondern Konzentration auf das bedeutet, was vor der Haustür – hier in der Eifel – an natürlichem, nachhaltigem Reichtum vorhanden ist. Nur wer mit den Bauern, Fischern, Jägern und Förstern der Umgebung, die ihn beliefern, in dauerhafter Kommunikation steht, kann höchste Qualität erwarten. Eicks interessieren traditionelle Arten des Konservierens von Fleisch, Fisch, Obst, Gemüse. Salzen und Räuchern kennen wir, doch wie schmeckt Fermentieren, Säuern, Einwecken? Seine besondere Leidenschaft gilt der präzisen Anwendung der Garmethodik. Das Fleisch, das er im Windeckhaus verwendet, ist nicht nur regional und biologisch aufgezogen, auch das Schlachten und die Lagerung folgen Traditionen, die sich als überlegen für den Geschmack und den Genuss erwiesen haben. Statt Fülle Einfachheit, statt üppige Beliebigkeit Vielfalt in Nuancen. Ein Bouquet von maximal drei Noten. Der Gast, der hier à la carte oder mehrgängige Menüs genießt, erfährt tatsächlich die Schönheit der Eifel im Gericht seiner Wahl. Hochwertige Weine ergänzen das Geschmackserlebnis. Hat Frank Eicks ein Leitmotiv, das er uns verraten mag? „Das Richtige weglassen, um ein Gericht perfekt zu machen."

EIFELER KALBSBACKEN MIT LAUCH

Dieses Rezept finden Sie auf Seite 76

23 WINDECKHAUS
Günter Portz
Orchheimer Straße 23
53902 Bad Münstereifel
Tel. 0 22 53 / 5 44 84 80
info@23windeckhaus.de
www.23windeckhaus.de

GESCHMACKSGENUSS DAS GANZE JAHR

Wie man im Printenhaus etwas erleben kann

Was macht eine gute Printe aus? Wer, wenn nicht Günter Portz, kann eine Antwort auf diese Frage geben? Seit 40 Jahren dreht sich im Leben des Kölner Konditors und Geschäftsmanns beinah alles um die Printe. Mitten in der Fußgängerzone im mittelalterlichen Bad Münstereifel liegt sein Printenhaus. Ein gemütliches Café, in dem sich der Gast an leckeren Kuchen, Torten, frisch zubereitet Herzhaftem erfreuen kann und eben auch an dieser ganz besonderen Form des Lebkuchens, der seine Heimat in der rheinischen Tiefebene zwischen Köln und Aachen hat. Bei ihm fing alles mit der Weihnachtsbäckerei an. Schon als junger Mann war sie sein ganz spezielles Steckenpferd. Die Printe sei ein wunderbares Produkt, das der Mensch zu jeder Jahreszeit genießen kann. „Dass man Printen mit Weihnachten verbindet, war ein schlauer Werbetrick findiger Köpfe vor über hundert Jahren", grinst der Gastronom. Lange habe er ausprobiert, wie er seine Printen zu etwas ganz Besonderem machen könne, und es sei gelungen. Sie unterscheiden sich stark von den bekannten Aachener Printen. Es sind Bruchprinten, anders in Form und Geschmack als die traditionellen „Riemchenprinten" der geschätzten Nachbarn. Bruchprinten binden mehr Feuchtigkeit und werden dadurch weicher, man könnte sagen, runder im

MÜNSTEREIFLER ZIMTAPFEL
Dieses Rezept finden Sie auf Seite 75

Mund. Entscheidend sei dabei das Zusammenspiel der Bestandteile des seit dem Mittelalter bei uns beliebten Backwerks: Mehl, Triebmittel, Kandisablauf und, ganz besonders wichtig, die Gewürze. Hier setzt das streng gehütete Geheimnis ein, das den Geschmack der Portzschen Printe so einzigartig macht. Zum Schluss, nach der Lagerung, während der sich erst die Aromen voll entfalten, rundet eine Edelkuvertüre das süße Produkt ab. „Eine gute Printe kann man nicht beschreiben", erklärt Günter Portz, „man muss reinbeißen und sie erleben." Das macht man am besten hier im Printenhaus in Bad Münstereifel. Wer nicht so schnell vorbeikommt, kann sich online locken und verführen lassen. Was empfindet der Gast nach dem Erlebnis? Portz schmunzelt: „War das lecker!"

PRINTENHAUS
Günter Portz
Wertherstraße 11
53902 Bad Münstereifel
Tel. 0 22 53 / 84 29
info@printenhaus-portz.de
www.printenhaus-portz.de

EIN BLÜHENDES CAFÉ

Bei Blatt und Blüte gibt es zum Kuchen immer was zum Gucken

In Bettenfeld kann man etwas ganz Besonderes tanken. Die alte Tankstelle wurde 2009 von Barbara Zens und ihrem Lebensgefährten umgebaut und renoviert. Hier sollte ihr Blumenladen ein geräumigeres Heim bekommen. Doch merkte sie schnell: Die hellen, hohen Räume bieten nicht nur Pflanzen und hübschen Accessoires ein stilvolles Zuhause, da war noch Platz für mehr. Es war ihr Vater, der sie dazu inspirierte, zu den Blumen ein Café zu eröffnen. „Hier ist es so schön, mit all den Blumen und Pflanzen. Man möchte sich einen Sessel nehmen und nur noch gucken.“ Das war's, warum nicht?

Die Häfte des luftigen Raums mit der Terrasse beherbergt heute ein modernes, stilvolles Café mit Blick auf Landschaft und Blüten. Die Gäste dürfen Barbara Zens gern beim Binden der Sträuße über die Schulter schauen. Sie versorgt im Umkreis zahlreiche Hotels mit individuellem Blumenschmuck, was ihr sehr wichtig ist. Auch daher stammen manchmal die Gäste, die sie dann besuchen. Um zu erkunden, woher die schönen Sträuße stammen. Dass sie auch Kuchen dort erwartet mit einer guten Tasse Kaffee – das ist der Überraschungsclou. „Mir wird es nie langweilig“ lacht Barbara, und das glaubt man ihr

aufs Wort. Mit Cousine und Schwägerin kümmern sich die drei Damen um das Wohl der Gäste wie der Blumen. Es sind Familien mit Kindern auf Eifel-Wandertour oder auch ihre „Herbstzeitlosen", ein Witwenkränzchen aus dem Umkreis, dessen Damen regelmäßig den selbst gebackenen Kuchen bei ihr genießen. Am Samstagmorgen sitzen auf der Terrasse oft nette Biker und machen Rast. Hier gibt es keine Karte. Wer kommt, fragt einfach, was es gibt. „Ehrliche Kuchen backst du", wie ein Bäcker aus einem Nachbardorf einmal anerkennend meinte. Ihr ganz spezieller Hit ist Birnen-Schmand. Am Sonntag erfreut die Gäste immer Obsthefekuchen mit eifeldicken Streuseln. Ein blumiges Café. Wo nicht nur der Duft von Kaffee uns in Vorfreude versetzt, sondern auch der Duft der Blüten. Sodass man das Café dann schon mal beschwingt mit einem Blumenstrauß verlässt.

BIRNEN-SCHMAND-KUCHEN
Dieses Rezept finden Sie auf Seite 77

BLATT UND BLÜTE
Barbara Zens
Holzbeulstraße 45
54533 Bettenfeld
Tel. 0 65 72 / 93 32 80
barbarazens@web.de

BER-BEK

EINFACH – GUT GEMACHT!

Im Hotel zur Post wird Bodenständigkeit neu präsentiert

Meerfeld ist ein Juwel der Vulkaneifel. Seit mehr als hundert Jahren zieht der Ort Besucher an. Der Grund dafür liegt vor der Haustür und begeistert Badefreunde wie Wanderer und Radler, aber auch Geologen. Das Meerfelder Maar ist der größte der vulkanischen Seen der Umgebung. Das Hotel zur Post öffnete sich schon 1873, als Tourismus noch ein Fremdwort war, für Gäste. Sven Molitor übernahm vor nicht allzu langer Zeit das schnuckelige Hotel in fünfter Generation und führt es nun mit seiner Partnerin Christine Oser, der Tradition verbunden, jedoch mit Blick auf eine zeitgemäße Interpretation von Gastlichkeit. Ihr besonderes Augenmerk gilt dem Restaurant, das im Stil wie in der Küche Moderne mit Gemütlichkeit verbindet. Der Blick fällt, wenn man eintritt, sofort auf die große halbrunde Sitzbank am Kamin. „Hier sitzen die Gäste am liebsten und am längsten", freut sich der junge Gastronom. Das versteht man auf der Stelle. Als Koch lernte er in großen Sterne-Küchen, will jedoch mit seiner Küche bodenständig und verständlich bleiben. „Der Gast soll sich rundum wohlfühlen. Das steht bei uns im Fokus. Das ist für uns Ansporn", ergänzt seine Partnerin. Sven hat zur Freude derer, die bei ihm essen, ein Faible für Geschmortes. Vom Kalbsbäckchen über Schweinebauch zum Sauerbraten von der Ochsenbacke. Deftig, doch dabei leicht, herrlich abgestimmte Saucen begleiten Eifelfleisch vom Feinsten. Das hat sich auch unter den Meerfeldern herumgesprochen. Nun kommen alle gern und oft. Genießer von nah und fern. Mehrmals in der Woche kommt der Fisch aus dem Meer ans Maar. Das weiß man rund um Meerfeld – und genießt ihn herrlich frisch. Die Weinkarte spiegelt die Vielfalt deutscher Weine wider. „Unsere Gäste sind offen und neugierig, das gefällt uns", meinen Sven und Christine, und sie haben noch viel vor. Der individuelle Service, ganz auf den Einzelnen abgestimmt, steht ganz oben. Ob Wanderer, Radler, Familien. In der Post finden alle nicht nur ein bequemes Bett, sondern an der Tafel Frische mit Tradition, vielleicht ein bisschen anders als gewohnt serviert.

SAUERBRATEN VON DER OCHSENBACKE MIT FEINEM VON ZWIEBEL UND ROTER BETE
Dieses Rezept finden Sie auf Seite 78

HOTEL ZUR POST
Sven Molitor
Meerbachstraße 24-26
54531 Meerfeld
Tel. 0 65 72 / 93 19 00
info@hotel-zur-post-meerfeld.de
www.hotel-zur-post-meerfeld.de

EIN GLÜCKSWURF DER NATUR

Warum es Bienen nicht bunt genug sein kann für guten Honig

In Deutschland gibt es mehr Professoren als Berufsimker.“ Mit dieser Information will Imkermeister Thomas Körsten aus Neroth in der Vulkaneifel nicht bange, sondern nachdenklich machen. Mit zwölf Jahren hatte er bereits sein erstes Bienenvolk, nun sind es 150, die an 15 Standorten in der Eifel arbeiten. Er weiß, wo es noch die richtigen Plätze für seine Bienen gibt. Die brauchen Vielfalt auf den Wiesen, keine Monokulturen, wie sie heute verbreitet sind. Man kann die Probe bei ihm machen: ein anständiger Honig aus Löwenzahn, Weißdorn, Obst. Der schmeckt prima. Der Imker lächelt vielsagend. Und dieser hier? Eine Geschmacksexplosion im Mund! Das ist Honig von Wiesen, wo man gar nicht zählen kann, wie viele verschiedene Blumen dort gedeihen. Wir brauchen diese bunten Flächen wie früher. In Agrarwüsten kann kein Insekt überleben. Schlecht ernährt werden sie anfällig für Parasiten – und das ist bedrohlich nicht nur für die Bienen, sondern auch für uns. Vor 25 Jahren gab es in Deutschland 2,8 Millionen Bienenvölker, heute nur noch 650 000. Wer zu billig produziertem Honig greift, handelt kurzsichtig, denn keine Biene in fernen Ländern be-

KRAFTFRÜHSTÜCK

Dieses Rezept finden Sie auf Seite 77

stäubt nur eine Frucht bei uns. Bienen liefern nicht nur Honig in einer bewundernswerten Teamarbeit, ihr wichtigster Job ist die Bestäubung. Das vergisst der Mensch ganz leicht. „Sie ist so ein altes Mädchen, dieses Wunder der Natur, sie flog schon Dinosauriern um die Ohren."

Wenn der Imker von seinen Bienen spricht, schwingt ebenso Bewunderung wie Sorge mit. Das vermittelt er regelmäßig Schulklassen, die ihn besuchen. Die Kinder kosten, schauen und bekommen genau erklärt, wo das, was so lecker schmeckt, herkommt. Das ist ihm Anliegen. Seit 1994 führt er eine reine Bio-Imkerei. Wo kann man den Honig seiner ausgewogen ernährten Bienen kaufen? Im Hofladen bei ihm in Neroth, aber auch online klappt es. Sein Honig ist in der Region im Handel präsent. „Nicht weit von hier hat man ein Fossil der fleißigen Bestäuberin gefunden, 50 Millionen Jahre alt", erzählt er stolz. „Sie ist unsere Gärtnerin, sie hat die Welt erst zum Blühen gebracht."

IMKERMEISTER THOMAS KÖRSTEN

Heltenbergstraße 2
54570 Neroth
Tel. 0 65 91 / 77 37
info@eifelimker.de
www.eifelimker.de

REZEPTE

EIFELER DÖPPEKOOCHE MIT RÄUCHERFORELLE

Restaurant Heidsmühle, Seite 58

ZUTATEN FÜR 1 BACKFORM

1 kg Kartoffeln | 2 Eier | 2 Karotten, geraspelt | 1 Stange Lauch, fein geschnitten | 1 Zwiebel, gewürfelt | etwas Mehl | 1 EL Petersilie | etwas Muskat zum Abschmecken | Salz und Pfeffer aus der Mühle

DAZU

Filets von der Eifeler Räucherforelle | Sahnemeerrettich

ZUBEREITUNG

Die Kartoffeln schälen und grob reiben. Wenn die Kartoffeln einen hohen Feuchtigkeitsanteil haben, dann sollte man sie in einem Küchentuch auspressen. Die Kartoffeln zusammen mit den Eiern, Karotten, Lauch und Zwiebeln zu einer schönen Masse durchmengen und würzen. Eine große Auflaufform oder einen gusseisernen Topf einfetten und mit der Kartoffelmasse befüllen. Den Döppekooche im Backofen bei 200 °C circa 2 Stunden backen, bis eine schöne Kruste entsteht.

Die geräucherte Forelle mit Sahnemeerrettich und dem Döppekooche anrichten und servieren.

WAFFELN MIT HEISSEN KIRSCHEN

Nohner Mühle, Seite 60

ZUTATEN FÜR 15 WAFFELN

300 g Margarine | 0,2 cl Amaretto | 300 g Zucker | 2 Päckchen Vanillezucker | 4 Eier | ½ Flasche Hefeweizen-Bier | 1 kg Mehl | 1 Päckchen Backpulver | 0,33 l Milch

ZUBEREITUNG

Alle Zutaten in der Küchenmaschine gut verrühren und gegebenenfalls etwas Milch oder Mehl ergänzen, bis eine sämige Konsistenz entsteht. Den Waffelteig in einem Waffeleisen bei ungefähr 260 °C etwas über 2 Minuten backen. Das Ergebnis: eine goldgelbe knusprige Waffel, die mit Puderzucker, heißen Kirschen, Vanilleeis oder Sahne köstlich schmeckt.

BROTRESTE-SIND-DAS-BESTE-SALAT

Bäckerei Johann Utters und Sohn, Seite 62

ZUTATEN FÜR 4 PERSONEN

400 g italienisches Bauernbrot oder Vollkorn-Weizen-Mischbrot | 500 g reife Tomaten | 1 Bund Frühlingszwiebeln | Basilikum, Sauerampfer, Giersch o. Ä., klein geschnitten | Balsamico | Olivenöl | Salz und Pfeffer aus der Mühle

ZUBEREITUNG

Das Brot in 2–3 Zentimeter große Würfel schneiden. Die Würfel von allen Seiten in einer Pfanne ohne Fett rösten. In eine Salatschüssel geben. Tomaten würfeln, Frühlingszwiebeln in Ringe schneiden. Zu den ausgekühlten Brotwürfeln geben. Mit den Kräutern, Balsamico, Olivenöl, Salz und Pfeffer nach Geschmack würzen und schnell miteinander vermengen. Ganz frisch servieren.

MÜNSTEREIFLER ZIMTAPFEL

Printenhaus, Seite 66

ZUTATEN FÜR 10 STÜCKE

5–6 Boskop-Äpfel | 30 g Rosinen | 125 g gehobelte Mandeln | 50 g gestiftete Mandeln | 10 g Zimt

HEFETEIG

200 g Weizenmehl | 80 g Milch | 12 g Hefe | 24 g Zucker | 40 g Butter | 30 g Vollei | 2 g Salz | Zitrone | Salz

FLORENTINERMASSE

66,5 g Butter | 120 g Zucker | 41,5 g Honig | 41,5 g Glykose | 41,5g Sahne

ZUBEREITUNG

Die Äpfel schälen, vierteln und blanchieren. Anschließend mit Rosinen, Mandeln und etwas Zimt auf den ausgerollten Hefeteigboden setzen und mit der Florentinermasse überbacken. Den Kuchen bei 180 °C circa 35 Minuten backen. Nach dem Backen sofort die Mandelmasse im heißen Zustand mit einer Schere in 10 Stücke schneiden.

EIFELER KALBSBACKEN MIT LAUCH

23 Windeckhaus, Seite 64

ZUTATEN FÜR 4 PERSONEN

KALBSBÄCKCHEN

8 Kalbsbäckchen, geputzt | 1 Karotte | 2 Stangen Staudensellerie | 2 EL Olivenöl | 1 EL Tomatenmark | 200 ml Portwein | 100 ml Madeira | 300 ml Ahr-Spätburgunder | 1 Knoblauchzehe | 1 Lorbeerblatt | 2 Rosmarinzweige | 1 TL Pfefferkörner | Meersalz

LAUCHGEMÜSE

8 Lauchzwiebeln | 2 EL Butter | 1 Prise Zucker | Salz

KARTOFFELPÜREE

500 g mehligkochende Kartoffeln | 150 ml Milch | 50 ml Olivenöl | 1 Prise Muskat | Salz und Pfeffer aus der Mühle

ERDBEER-RHABARBER-CHUTNEY

400 g Erdbeeren | 400 g Rhabarber | 2 Zwiebeln | 50 g brauner Zucker | 1 Lorbeerblatt | 2 Gewürznelken | 2 Pimentkörner | 1 Chilischote | 50 ml heller Balsamessig | 50 ml Orangensaft | Salz und Pfeffer aus der Mühle

ZUBEREITUNG

Die Kalbswangen würzen und in einer Pfanne ohne Fett scharf anbraten. Das Gemüse putzen, in Würfel schneiden und in einem Topf in Olivenöl anbraten. Das Tomatenmark hineingeben, kurz mitrösten und den Ansatz mit dem Portwein, Madeira und dem Ahr-Rotwein ablöschen. Knoblauch, Lorbeerblatt, Rosmarin und Pfefferkörner hinzufügen, mit etwas Salz abschmecken und mit circa 200 Milliliter Wasser auffüllen. Dann die Kalbswangen 2 Stunden in dem Fond weich schmoren. Die fertigen Kalbswangen herausnehmen und warm stellen. Anschließend den Fond passieren und um die Hälfte reduzieren. In der Zwischenzeit die Lauchstangen putzen und waschen. In Salzwasser kurz blanchieren. Butter in einer Pfanne schmelzen und das blanchierte Gemüse darin warm schwenken, mit Salz und Zucker würzen und abschmecken. Für das Püree die Kartoffeln schälen, würfeln und in einem Topf mit Salzwasser weich kochen. Milch und Olivenöl erwärmen. Kartoffeln abschütten und durch eine Presse drücken. Milch und Olivenöl unter die Kartoffeln mischen und mit Salz, Pfeffer, Muskat abschmecken. Erdbeeren und den Rhabarber waschen und in Stücke schneiden. Zwiebeln schälen und in feine Scheiben schneiden. Früchte und Zwiebeln mit Zucker, Lorbeerblatt, Nelken, Piment, Chili, Pfeffer und Salz in einem Topf erhitzen. Mit Essig und Orangensaft ablöschen und bei mittlerer Hitze 30 Minuten dünsten.

BIRNEN-SCHMAND-KUCHEN

Blatt und Blüte, Seite 68

ZUTATEN FÜR 1 SPRINGFORM

TEIG

250 g Mehl | 125 g Zucker | 125 g Butter | 1 Ei | 1 Päckchen Vanillezucker | 1 TL Backpulver

SCHMANDFÜLLUNG

1 Päckchen Vanillepuddingpulver | ½ l Milch | 6 EL Zucker | 3 Becher Schmand | 1 Dose abgetropfte Birnen

TOPPER

2 Becher Schlagsahne | 1 Päckchen Sahnesteif | 1 EL Zucker | Kakaopulver

ZUBEREITUNG

Die Teigzutaten in eine Schüssel geben und einen Mürbeteig daraus zubereiten. Eine gebutterte Springform damit auskleiden und im Kühlschrank kalt stellen.
Aus Puddingpulver, Milch und Zucker einen Vanillepudding nach Packungsanweisung kochen und diesen dann unter den Schmand rühren. Die so entstandene Masse in der Springform verteilen. Die abgetropften Birnenstücke darauflegen, eventuell ein wenig andrücken. Im vorgeheizten Backofen bei 175 °C circa 50 Minuten backen.
Den Kuchen in der Form auskühlen lassen. Die Sahne mit Sahnesteif und Zucker schlagen und auf dem ausgekühlten Kuchen verteilen. Zum Schluss noch das Kakaopulver mit einem Sieb über den Kuchen streuen.

KRAFTFRÜHSTÜCK

Imkermeister Thomas Körsten, Seite 72

ZUTATEN FÜR 1 PERSON

1 reife Avocado | 2–3 EL Waldhonig

ZUBEREITUNG

Mischen Sie das weiche Fruchtfleisch der Avocado mit dem Honig. Löffeln Sie diesen wohlschmeckenden „Kraftbrei“ entweder aus einem Schüsselchen oder füllen Sie die Avocado-Hälften damit.

SAUERBRATEN VON DER OCHSENBACKE MIT FEINEM VON ZWIEBEL UND ROTER BETE

Hotel zur Post, Seite 70

SAUERBRATEN VON DER OCHSENBACKE:

ZUTATEN FÜR 4 PERSONEN

1000 g Ochsenbacken | Schmalz zum Braten | 6 Zwiebeln | 1 Knollensellerie | 3 Karotten | 4 EL Tomatenmark | 1 l Rotwein | 200 ml dunkler Balsamicoessig | Thymian, Rosmarin, Senf-Saat, Fenchelsamen | 4 l Jus zum Auffüllen | Salz und Pfeffer aus der Mühle

ZUBEREITUNG

Ochsenbacken von Fett und Sehnen entfernen. Danach mit Salz und Pfeffer würzen und scharf anbraten. Zwiebeln und das Gemüse schälen und schneiden. Anschließend in einem großen Topf goldbraun anschwitzen. Tomatenmark zugeben und etwas mitrösten. Dann mit Rotwein ablöschen und den Balsamicoessig dazugießen. Ochsenbacken zusammen mit den Kräutern und Gewürzen einlegen und mit Jus auffüllen. Bei niedriger Hitze circa 2–3 Stunden schmoren lassen. Danach das Fleisch ausstechen und die Sauce passieren und abschmecken. Mit etwas Stärke abbinden und das Fleisch wieder einlegen.

SCHNITTLAUCH-GRAUPEN:

ZUTATEN

5 Schalotten | ½ Knoblauchzehe | 10 ml Rapsöl | 160 g Gersten-Graupen | 20 ml trockener Weißwein | 700 ml Gemüsebrühe | 20 g Butter | Parmesan | 1 EL Schnittlauch | Salz und Pfeffer aus der Mühle

ZUBEREITUNG

Die Schalotten und den Knoblauch schälen. Rapsöl in einem Topf erhitzen und die fein gewürfelten Schalotten und Knoblauch leicht anschwitzen, danach die Graupen zugeben und mit dem Weißwein ablöschen. Leicht salzen und pfeffern. Mit der heißen Gemüsebrühe aufgießen, bis die Graupen bedeckt sind und langsam bissfest garen. Bei Bedarf noch mit etwas Brühe bis zur gewünschten Konsistenz garen. Zum Schluss die Butter und den Parmesan unterrühren. Abschmecken und den Schnittlauch hinzu-geben.

REZEPTE

GEBACKENE ZWIEBELKROKETTE:

ZUTATEN

10 Schalotten | 400 ml Rinderbrühe | 1 EL Butter | 120 g Risottoreis | Weißwein | 240 g Parmesan | Salz und Pfeffer aus der Mühle | Mehl, Ei, Brösel zum Panieren | Butterschmalz zum Ausbacken

ZUBEREITUNG

Schalotten schälen und in feine Würfel schneiden. Die Brühe aufkochen. Butter in einem Topf erhitzen, Schalotten hell anschwitzen. Den Risottoreis zugeben und etwas andünsten lassen. Mit Weißwein ablöschen, einkochen, mit etwas heißer Brühe aufgießen. Risotto 20 Minuten bei geringer Hitze kochen, immer wieder etwas Brühe dazugießen. Mit Pfeffer und Salz abschmecken. Parmesan reiben und unterrühren. Reis auf ein Blech streichen und abkühlen lassen. In kleine Bällchen portionieren, zuerst in Mehl, dann in Ei und Bröseln wenden und in Butterschmalz circa 6–8 Minuten goldbraun frittieren.

EINGELEGTE ROTE BETE:

ZUTATEN

1 kg kleine, gleich große Rote-Bete-Knollen | 10 g frischer Ingwer | 200 g Zwiebeln | 400 ml Weißweinessig | 600 ml klare Gemüsebrühe | Zucker | Salz und Pfeffer aus der Mühle

ZUBEREITUNG

Rote-Bete-Knollen waschen und mit Wasser im geschlossenen Topf aufkochen. Bei mittlerer Hitze circa 40–45 Minuten garen, abgießen und die Schale entfernen. Frischen Ingwer schälen und in dünne Scheiben schneiden. Zwiebeln halbieren und längs in Halbringe schneiden. Ingwer, Zwiebeln und Rote Bete mit Weißweinessig, klarer Gemüsebrühe, Zucker, Salz und Pfeffer aufkochen. 10 Minuten kochen lassen. Danach in gewünschte Form ausstechen.

ANRICHTEN

Auf jedem Teller ein Stück Sauerbraten wie auf dem Foto links auf die Schnittlauch-Graupen legen, daneben Rote-Bete-Taler und Zwiebelkroketten. Als Garnitur eignen sich Schmorzwiebeln, Rote-Bete-Tatar und Macaron, Balsamico-Esspapier, Zwiebelcreme, Shiso-Kresse.

BRINGT DAS LAND ALLJÄHRLICH ZUM LEUCHTEN: RAPSBLÜTE BEI BAUSENDORF

DIE NATUR HÄLT SICH NICHT ZURÜCK: ÜPPIGES BÄRLAUCHBETT AUF EINER LICHTUNG IM WALD

FARBEN DER EIFEL

Oder: Es ist alles so schön bunt hier

Welche Farben fallen uns ein, wenn wir an die Eifel denken? Von jeher hat die Eifel Maler inspiriert. Sie haben die romantische Region versucht einzufangen, ihre malerische Seite. Doch auch die karge, dramatische Landschaft war ihr Thema. Wenige Menschen sind zu sehen, das fällt auf. Fünf große Naturparks weist die Eifel auf, die uns einladen, auf angenehmen und nicht überlaufenen Pfaden zu wandern, zu radeln, uns umzuschauen und neue Kraft zu tanken. Da wird man bald feststellen: Um uns herum ist alles

Grün.

Die Wälder der Eifel sind heute wieder das Prägende der Landschaft. Schon die Römer nannten diesen Landstrich „Arduenna Silva", Hochwald. Über Jahrtausende war er urwaldgleich gewachsen, und man vermutet, dass die Rotbuche einst alle anderen Bäume hier dominierte. Ein Laubwald, auf dessen Grundlage sich hier ein gutes Maß an Wohlstand entwickeln konnte. Doch war die Eifel von jeher auch mit Bodenschätzen reich gesegnet. Erze und Eisen konnten hier gewonnen werden. Die erste Verhüttungsanlage nördlich der Alpen wird in Hillesheim erwähnt. Das war im 5. Jahrhundert v. Chr. Und da man dafür Holzkohle benötigte – der Köhler war ein Berufsstand, den man oft antraf –, verfeuerte man ganz allmählich den Reichtum der Region. In Simonskall kann man dem alten Köhlerpfad noch heute folgen. Anfang des 19. Jahrhunderts war von dem einstigen Reichtum durch den Wald kaum noch etwas da. Das war die Zeit großer Armut, wie wir schon erwähnten. Es waren nach Napoleon die Preußen, die mit einer schnellen Aufforstung der Eifel begannen, und sie wählten – oft gegen den

Widerstand der Eifler – die flott wachsende Fichte. Heute geht die Tendenz aus Umweltgründen wieder hin zum Mischwald. Und scheinbar wieder grenzenlose Wälder laden uns zum Wandern und Entspannen ein.

Wer in der Nordeifel umherstreift, sollte sich auf jeden Fall die dortige Spezialität nicht entgehen lassen, die man sonst nirgends sieht: das Monschauer Heckenland. In mühevoller Handarbeit wurden hier haushohe dichte Hecken angelegt, zum Schutz der Häuser gegen kalten Wind und ebenso zum Schutz der Felder, als sogenannte Flurhecken. Manche davon sind über 200 Jahre alt. Da sie eine sehr aufwendige Pflege benötigen, werden sie heute vom Land geschützt und gefördert. Über 460 Kilometer gibt es davon. In der Mitte der Region finden wir an manchen Hängen noch etwas Besonderes: Wachholderhecken. Wenn man dort wandert, duftet es im Sommer und im Herbst ganz betörend. Da verwundert es nicht, dass man in der Eifel gern gut gewürztes Wild anbietet und in Daun unlängst auf die Idee kam, Gin zu produzieren. Wenn man dann noch das Glück hat, in Nebelschleiern die Wacholderberge zu durchstreifen, glaubt man, in eine Welt der Sagen und Legenden einzutauchen. Wie graue Zwerge ducken sich die Hecken und scheinen uns zu winken ...

Blau

„Aflial" ist keltisch und bedeutet „Land, am fließenden Wasser gelegen", wie eingangs erwähnt. Wir leben in einer Welt, die gern an Zahlen glaubt. Hier haben wir ein paar für Sie zusammengestellt, die wahrlich imponieren: In der Eifel mit Ostbelgien gibt es sage und schreibe 55 Flüsse, Bäche mitgezählt. Sechs Seen, hauptsächlich im Eifelvorland, die dem Tagebau geschuldet sind, 16 Stauseen meist im Nordwesten, zehn vulkanische Maare oder Seen im Südosten und fünf Wasserfälle, darunter der pittoreske Dreimühlenwasserfall bei Nohn, der auch schon als Filmkulisse diente. Das ist eine ganze Menge Blau. Im Sommer lädt das Blau zum Baden ein, ansonsten kann man es umwandern und aufs Wasser schauen. Bootfahren, Angeln, es gibt viele Möglichkeiten, sich am Wasser zu erfreuen.

Gelb

Gelb? Jawohl! Im März, April blühen hier überall in Wäldern und an Bächen wilde Narzissen. Wie ein goldener Teppich überziehen sie ganze Täler. Im Mai und Juni kommt dann der dottergelbe Ginster, der sich oft an Hängen festkrallt. Tiefgelbe Berge links und rechts. Welch ein Erlebnis! Rapsfelder säumen unseren Weg. Auch die sind im frühen Sommer gelb. Im späten Sommer wird das Getreide goldgelb und gesellt sich zum Eifler Gold dazu. Wieder etwas später wird der Wald auch gelb. Doch vorher wird er

EIN FEST FÜR DIE GESCHMACKSNERVEN: KÖSTLICHE BROTAUFSTRICHE AUS FRISCHEN KRÄUTERN

KRÄUTER IN DER ABENDSONNE

Bunt.

Die Eifel ist auch bunt. Wildkräuter und Blumen überall. Im Frühjahr steigt einem beim Wandern der frische Bärlauch in die Nase. Streuobstwiesen blühen bunt. Hier gibt es seltene Orchideen und wieder Wildblumen, die man lange vermisst hat. Zwar wünschen sich die Bienen noch mehr davon, doch hat die Eifel mehr wilde, unberührte Natur als viele andere deutsche Landstriche. Das macht sie für uns Gäste attraktiv. Wer hier im Spätsommer beim Sammeln bunter Pilze auf niemanden mit dem gleichen Hobby stößt, braucht sich nicht zu wundern. Man kann sich freuen.

Die Eifel hat viel Platz für Besucher, und auch wenn sie kein Geheimtipp mehr ist, bleibt sie stets ein bisschen exklusiv. Noch vor wenigen Jahrzehnten hielt man die Eifel für „verkehrstechnisch etwas ungünstig gelegen“. Das konnte man in Reiseführern nachlesen. Das läge an den großen Höhenunterschieden, denn zwischen zwei- und siebenhundert Metern müsse man hier auf kürzester Distanz manövrieren. Heute hält man das für attraktiv und schätzt es mehr vom pittoresken Standpunkt aus. Außerdem erlaube das Auseinanderklaffen des Gebirges im Norden hin zur Maas, im Süden driftet es zur Mosel, kein großes Maß an Durchgangsstraßen. Wie herrlich, denkt sich der Besucher heute. Ich bin dort, wo nicht jeder ist. Wo Stille und Natur regieren. Trotzdem ist die Eifel gut erreichbar, nur bietet sie sich nicht an, um mal zufällig vorbeizufahren. Der Gast, der das Besondere der Eifel sucht, hat es nicht schwer, es zu finden.

GEDIEGEN KÖSTLICHES

Die Torschänke präsentiert Küche in historischem Ambiente

Bei Josef und Petra Cillien in der Torschänke in Dudeldorf passt alles: Der heute denkmalgeschützte Gasthof stammt aus dem Jahr 1826. Der Turm, der mit dazugehört, aus dem Mittelalter. Der sichere Blick für stimmige Gemütlichkeit mit einem ganz besonderen Flair verrät Cilliens Talent, das seit 1985 mit den Kochkünsten seiner Frau ein gastronomisches Kleinod mitten in der Südeifel präsentiert.

Drei ganz besondere Räume heißen den Gast willkommen. Das alte Gastzimmer mit der niedrigen Decke, das eine urige Theke aufweist, wo man die Bildersammlung des Chefs bewundern kann. Viele Dudeldorfer vertrauten ihm ihre ganz persönlichen Fotografien an, die die Geschichte des Eifeldorfs erzählen. Im ersten Stock lockt das Turmzimmer zum romantischen Candle-Light-Dinner. Der Speiseraum für 40 Personen atmet dagegen Dinnerparty-Atmosphäre in England auf dem Land, die den noch vorhandenen Jugendstil vorzüglich ergänzt. „Ich wollte immer etwas Altes, Gediegenes, wo aber alles stimmt und authentisch ist", erzählt Josef Cillien stolz. Er sammelt vieles, um es hier ganz gezielt wieder zum eigentlichen

GEFÜLLTE POULARDENBRUST MIT WALD- UND WIESENPILZEN

Dieses Rezept finden Sie auf Seite 106

Zweck zur Freude und Überraschung des Gastes zu verwenden. Handgewebte Tischwäsche, alte Lampen. Schon im Herbst überlegt er, wie er das Lokal für die Adventszeit schmücken kann. Dann ist das Haus voller Gäste, die gern in stimmungsvoller Umgebung feiern. „Wir sind immer da und ansprechbar, das ist uns sehr wichtig. Man verbindet uns mit diesem Haus." Und mit der Küche, die alles andere als von früher ist. Zwar lässt sich auch die Chefköchin gern von alten Rezepten inspirieren, ihre Apfelklöße sind ein Beweis dafür und wurden längst zum Klassiker. Genau wie das Rückensteak mit Williamsbirnen und Ziegenkäse. Dafür reisen viele Stammgäste gern von Köln und Luxemburg nach Dudeldorf. Petras Küche orientiert sich selbstverständlich an Regionalem, das sie je nach Jahreszeit in frischem Gewand präsentiert. Die Torschänke ist ein Stück bodenständige Eifel.

TORSCHÄNKE
Josef Cillien
Philippsheimer Straße 1
54647 Dudeldorf
Tel. 0 65 65 / 20 24
www.torschaenke-dudeldorf.de

BITTE EIN BIT!

Die Bitburger Marken-Erlebniswelt: Bier mit allen Sinnen erleben

Als Johann Peter Wallenborn 1817 im damals beschaulichen Südeifelstädtchen Bitburg seine kleine Landbrauerei gründete, hätte er es sich nicht träumen lassen, dass fast zweihundert Jahre später sein Bitburger das meistgezapfte Bier Deutschlands ist. Das mineralienreiche Tiefenwasser der Bitburger Triasmulde, das hier zum Brauen genutzt wird, spielte bei der Gründung sicher eine Rolle. Sein Nachfolger Theobald Simon begann 1883 den leckeren Gerstensaft nach „Pilsener Art" zu brauen: Das bedeutete eine kalte Gärung mit mehrmonatiger Reifung, bei niedriger Temperatur. Dass er damit genau den Geschmack seiner Landsleute und heutzutage weit darüber hinaus traf, zeigen die rund vier Millionen Hektoliter, die hier in Bitburg jedes Jahr mit besten Zutaten, mit Hingabe und Liebe zum Bier produziert werden.

In der Marken-Erlebniswelt der Brauerei kann der Besucher nicht nur in einer interessanten Zeitreise die historische Entwicklung der Brauerei verfolgen. Auf 1700 Quadratmetern kann er mit allen Sinnen erleben, wie das Bier entsteht: Wie sieht der Siegelhopfen aus und was macht ihn so besonders? Wie schmeckt das Brauwasser, bevor daraus Bier wird? Wie fühlt sich Gerste an, wenn sie durch die Finger rieselt? Was genau passiert im Sudhaus, warum, wie lange? Am Schluss weiß man, wie das Bitburger entsteht, und kann es in der Genießer-Lounge direkt probieren. Online oder telefonisch kann man auch die „Bitburger Biererlebnisse" buchen. Unter der Leitung des erfahrenen Bier-Sommeliers Andreas Dick kann man tief in die nuancenreichen Aromen verschiedener Premium-Sorten der Brauerei eintauchen und lernen, worin sie sich unterscheiden. Es war im Jahr 1951, als der Eifler Brauer Simon eine zündende Idee für sein Bier hatte: „Bitte ein Bit!" ließ er drucken. Dem folgt man bis heute gern.

BITBURGER MARKEN-ERLEBNISWELT
Römermauer 3
54634 Bitburg
Tel. 0 65 61 / 14-24 97 oder 14-24 98
marken-erlebniswelt@bitburger.de
www.bitburger.de

GRANS-FASSIAN

GASTLICHKEIT IN ALTEN MAUERN

Ein Besuch der Burg Rittersdorf bietet nicht nur Essgenuss

Ganz in der Nähe von Bitburg liegt die malerische Burg Rittersdorf, die zum ersten Mal 1263 erwähnt wird. Danach wurde sie nicht nur erweitert, sondern erstrahlt seit den 80er-Jahren des letzten Jahrhunderts liebevoll restauriert in neuem Glanz als Restaurant. Wo kann sich der Gast schon in Gemäuern zum Schmausen und Genießen niederlassen, in denen sich einst Ritter tummelten? Schon vor der Burg bietet der Burggraben ein verheißungsvolles Bild. Er ist ganz leicht zu überwinden, denn drinnen heißen Achim und Sylvia Herrmann in Herrmann's Restaurant den Besucher aufs Herzlichste willkommen. Im Sommer wählt der Gast gern die romantische Gartenterrasse; wenn es besonders heiß ist, den schattigen, rustikalen Innenhof. Die Küche ist frisch und saisonal ausgerichtet. Der Chef hält eine kleine, doch ausgesucht feine Karte bereit, die sowohl Hausklassiker bietet wie das Carpaccio vom Eifelrind als auch international orientierte Gerichte. Sylvia als erfahrene Sommelière pflegt eine besondere Zuneigung zu den edlen Tropfen der nahen Mosel. Zu vielen Winzern halten sie engen Kontakt.

Stammgäste kommen nicht nur aus der heimatlichen Region, sondern aus Luxemburg, Belgien und dem Rheinland ins Burgrestaurant. Hier kann man auch ganz romantisch die Ehe schließen. Burg Rittersdorf hat ein eigenes Standesamt und lädt danach zum stimmungsvollen Empfang ein. Überhaupt finden Familienfeiern hier ein stilvolles und dennoch gemütlich überschaubares Ambiente. Der Gast kann im Restaurant aus fünf ganz unterschiedlichen Räumen wählen, wo er sich niederlässt. Der erste Stock hält den großen Saal bereit. Hier finden auch die beliebten Rittermahle statt, für die man sich einen Platz an der Tafel reservieren kann. „Wir bleiben unserem ganz persönlichen Stil treu", erzählt die Chefin, „und bieten im Rahmen des herrlichen historischen Gebäudes, man könnte sagen, ein Gesamtpaket." So wird die ausgesuchte Küche aufs Angenehmste ergänzt. Das erfreut Stammgäste wie Burgnovizen gleichermaßen.

FORELLENROULADE MIT BLATTSPINAT UND ROTE-BETE-DIP

Dieses Rezept finden Sie auf Seite 109

HERRMANN'S RESTAURANT BURG RITTERSDORF
Achim Herrmann
Bitburger Straße 30
54636 Rittersdorf
Tel. 0 65 61 / 96 57-0
info@burg-rittersdorf.de
www.burg-rittersdorf.de

Bitte ein Bit

EDEL VERPFLICHTET

Restaurant Schloss Niederweis bietet Bodenständiges im feinen Kleid

Das Barockschloss Niederweis mit seinem Garten am südwestlichen Zipfel der Eifel, unweit von Trier und Luxemburg, ist ein Augenschmaus. Seit zwei Jahren kann sich der Freund feiner Küche in diesem romantischen Ambiente von Sebastian und Sandra Poss verwöhnen lassen. Dabei ist der Luxus, den sie anbieten, bezahlbar. Die hohe Scheune, die wie das Schloss aus dem 18. Jahrhundert stammt, wurde liebevoll restauriert und erstrahlt als schickes Restaurant mit historischen Wurzeln, die es stilvoll akzentuiert und mit Zeitgemäßem harmonisch verwebt. Der imposante Festsaal bildet dazu ein architektonisches Highlight, in dem man gern feiert. Da das Schloss auch ein Standesamt beherbergt, liegen Hochzeiten ganz nah. Aber auch für den Gast, der im Alltag das Besondere genießen möchte, ist dies ein kulinarisches Ziel mit dem gewissen Etwas.

STEINBUTT AUF SPINAT MIT BLUTWURST-STAMPFKARTOFFELN
Dieses Rezept finden Sie auf Seite 107

Der Chef hat gern in Häusern der Spitzengastronomie gearbeitet, bevor er sich mit seiner Frau hier niederließ, um sein ganz eigenes Konzept zu präsentieren. „Ich lege bei uns den Fokus auf das Handwerk!", erzählt er selbstbewusst. „Ich will breitere Schichten ansprechen, die gern gut essen. Keine Schnörkel, dafür Ehrlichkeit im Produkt und beste Ausführung." Das gelingt dem jungen Koch, dessen besondere Liebe in der Küche dem Fisch gilt. „Mir liegt Filigranes." Davon profitiert der Gast, auch beim Fleisch und Vegetarischem, das hier ebenfalls auf hohem Niveau präsentiert wird. Seine Frau Sandra hält eine ausgesuchte Weinkarte bereit mit kleinen Schätzen auch von der nahen Mosel. „Unsere Karte ist klein und wechselt häufig, sodass man immer wieder Neues ausprobieren kann." Man wählt ein günstiges Menü, das man sich selbst zusammenstellt, oder isst à la carte. Draußen lockt die Terrasse mit Blick auf das Barockschloss. Es erinnert an eine Zeit, in der höchster Genuss Privileg weniger war.

RESTAURANT SCHLOSS NIEDERWEIS
Sandra & Sebastian Poss
Hauptstraße 9
54668 Niederweis
Tel. 0 65 68 / 96 96-4 50
kontakt@schloss-niederweis.de
www.schloss-niederweis.de

GENUSS MIT ALLEN SINNEN

Im Eifel-Edelbrand kann man Streuobstwiesen schmecken

Als 1922 die Brennrechte vergeben wurden, bekamen nur die Regionen, die über eine entsprechende Anzahl von Obstbäumen verfügten, eine Zuteilung. Niederweiler im Kreis Bitburg Prüm mit seiner exponierten Lage auf 400 Metern gehört dazu. Hier werden seitdem hochwertige Brände hergestellt, die sich sehen und schmecken lassen können. Alfred Hauer ist der Vorsitzende der Eifel-Edelbrand Erzeugergemeinschaft, die seit 2004 als einzige Gemeinschaft dieser Art in Deutschland ihre hochwertigen Brände über einen Flaschenhals vermarktet. Der große Erfolg der Marke gibt ihnen recht. Der intensive Geschmack, das einzigartige Aroma der Brände der Gemeinschaft werden nicht nur oft prämiert, sie eroberten schnell die feinen Nasen und verwöhnten Gaumen vieler Kenner edler Brände im ganzen Land.

„Bei uns wird ausschließlich extensives Obst, das ungedüngt und ungespritzt auf ausgedehnten Streuobstwiesen wächst, verwendet. Genau das ist eifeltypisch", erklärt Alfred Hauer den Erfolg. Aus den Bränden der Mitglieder, die den höchsten Ansprüchen mit ihren Produkten genügen müssen, wird eine ausgewogene Cuvée hergestellt. Immer ist es nur die reine Frucht wie die Nelchesbirne oder der säurebetonte Viezapfel, die ein kräftiges, einzigartiges Aroma transportiert, das man nach dem behutsamen Maischen und schnellem Abbrennen für den hochwertigen Obstbrand gewinnt. Aber auch Mirabelle, Zwetschge und die seltene Wildfrucht Schlehe sind im Angebot des Eifel-Edelbrands. Letztere wächst mit Dornen am

KAROTTENCREMESUPPE UND ERDBEER-MIRABELLEN-VANILLE-DESSERT
Diese Rezepte finden Sie auf Seite 108

Rand der dichten Wälder bei Niederweiler. Ihr Geist ist etwas Rares, Kostbares und wird gern zu besonderen Anlässen genossen. Wie muss ein guter Brand schmecken? Alfred Hauer lächelt wissend, als er das Glas hebt: „Er befriedigt alle Sinne. Zunächst muss man ihn mit der Nase aufnehmen, die Frucht schon am Duft erkennen. Dann wird der Geschmack zum Erlebnis, rund, weich, voll. Erst beim zweiten Schluck erweckt man alle Noten des feinen Brands zum Genuss." Behutsam sollen wir ihn genießen. Als schlendert man durch Streuobstwiesen und nimmt sie sich, behutsam gebrannt, in Flaschen mit.

EIFEL-EDELBRAND W.V.
Alfred Hauer
Bitburger Straße 2
54636 Niederweiler
Tel. 0 65 69 / 72 84
info@eifeledelbrand.de
www.eifeledelbrand.de

INDIVIDUALITÄT MIT GESCHICHTE

Seit 90 Jahren hat sich die Talschenke kaum verändert

MANDELFORELLE
Dieses Rezept finden Sie auf Seite 109

Am Rande des Nationparks Eifel liegt halb versteckt Simonskall. Ein winziges Eifeldorf, das schon allein durch seine fast märchenhafte Lage den Besucher in eine andere Zeit trägt. Bei seiner Gründung 1643 hatte es fast genauso viele Einwohner wie heute: knapp 50. „Wir können uns im schmalen Tal der Kall nicht weiter ausbreiten", erzählt Heike Schade, die in ihrer Talschenke geboren wurde. Der Urgroßvater legte hier den Grundstein zum Hotel, das 1924 eröffnet wurde.

„Uropa war ein Visionär", sagt Heike. Die ersten Gäste erreichten Simonskall auf Ochsenkarren. Dr. Tigges erfand die Pauschalreise in Deutschland, und die erste führte die Tourismuspioniere 1928 in die Talschenke, in der damals noch in kleinen Blockhütten übernachtet wurde. Das hat sich verändert. Ein Anbau garantiert den neuesten Zimmerstandard, doch im Restaurant hat sich kaum etwas verändert. Genau das

lieben die Gäste, die gern immer wieder kommen. „Vor Kurzem besuchten uns drei alte Damen, die 1930 hier als Kinder die Ferien verbrachten, und sie erkannten alles wieder." Wieder entdecken kann man hier auch die bodenständige, deutsche Küche. Hier wird sie mit frischen unverfälschten Zutaten zelebriert und mit viel Zeit, genau wie früher. Da gibt es Schnibbelbohnensuppe mit Tafelspitz und Dicke Bohnen mit Speck. Rinderzunge konkurriert mit traditionellem Sauerkrautauflauf. Die Forellen werden vor dem Haus, im Mühlenbach, frisch gefangen, und das Glück des Jägers bestimmt, was auf den Tisch kommt. Ursprünglich reizte es Heike Schade, Innendekoration zu lernen. Mit ihrer individuellen Gestaltung der Gasträume, die die pralle Geschichte des Hauses durch Bilder widerspiegeln, lebt sie das Talent zur Freude der Besucher aus. Sie ist dankbar für die vielen sympathischen Gäste, die ihr die Talschenke beschert. „Es gibt nichts Interessanteres als Menschen, finde ich." Belohnt wird der Gast, wenn er den Weg hierher findet und eintaucht in eine fast vergangene Zeit, die beruhigenderweise eben doch nicht ganz verschwunden ist.

HOTEL TALSCHENKE
Heike Schade
Simonskall 1
52393 Hürtgenwald
Tel. 0 24 29 / 71 53
info@hotel-talschenke.de
www.hotel-talschenke.de

IN EINER ANDEREN WELT

Das Landhotel Kallbach bezaubert nicht nur durch seine Lage

Im wildromantischen Simonskall scheint die Alltagswelt zwar zu Ende, doch lässt man sich gern im Landhotel Kallbach rundherum so verwöhnen, dass man ganz schnell in eine andere Welt gleitet: wo man Natur nicht ahnt, sondern sie atmet, sieht, riecht und erlebt. Mehr als 200 Kilometer ausgesuchter Wanderwege hat die Region, die einst viele Maler anzog, zu bieten. Darunter der attraktive Köhlerweg, der den Besucher tief in die Geschichte der Eifel führt.

Landhotel bedeutet für Manuela Baier, die sich mit dem Erwerb des schmucken Hotels einen Traum erfüllte, viel mehr als eine Standortzuordnung. Es bedeutet herzliche Gastlichkeit und Genuss im Einklang von Körper, Seele, Magen. Natur ist Balsam für die Seele, der Körper findet Entspannung im großzügigen Wellnessbereich, der just erweitert wurde, und der Magen ist sehr glücklich im feinen Restaurant. Wo Tradition sich mit zeitgemäßen Kreationen verbindet, deren Zutaten von nahe gelegenen Eifelhöfen stammen. Dies ist der Chefin

Anliegen und Herausforderung zugleich. Während das Landhotel in der Woche meist Seminarteilnehmer willkommen heißt, die in sechs top ausgestatteten Räumen tagen, überwiegen am Wochenende die Wanderer, die meist aus Belgien, den Niederlanden und natürlich Deutschland anreisen und das Kallbach mit dem, was es bietet, genießen. Das Kunststück, die Wünsche beider Gästegruppen glücklich zu vereinen, ist ihr gelungen. Die Lobby ist ein schick gestyltes Ambiente, das einladend wirkt, nicht nur wegen der gemütlichen Leseecke, die es hier gibt. Ein neues Barkonzept wird bald folgen. Ohne ihr starkes Team, das sich mit der Chefin verlässlich um den Gast und sein Wohlbefinden kümmert, wäre das Landhotel nicht das, was es ist und was man schätzt. „Wir sind bekannt für unsere exzellente Ausbildung und den hohen Standard im Service." Das merkt man an dem Gespür, das sie für jeden Gast ganz individuell haben. Dass dann noch der Standort des Landhotels seinen ganz eigenen Zauber entfaltet, ist ein Pfund, mit dem man sorglos wuchern kann. Er ist einmalig.

KALL-BURGER MIT KRÄUTER-CRÈME-FRAÎCHE
Dieses Rezept finden Sie auf Seite 110

LANDHOTEL KALLBACH
Manuela Baier
Simonskall 24–26
52393 Hürtgenwald
Tel. 0 24 29 / 9 44 40
service@kallbach.de
www.kallbach.de

ÜBER DEM MÜHLRAD SPEISEN

Der Landgasthof Heilhauser Mühle hat rund ums Jahr etwas zu bieten

Bei manchen Restaurants wünscht man sich schönes Wetter, damit man draußen genießen kann. Bei anderen freut man sich, wenn's kühl ist, denn dann ist es drinnen doppelt kuschelig. Der Landgasthof Heilhauser Mühle im Dreiländereck der Südeifel bei Waxweiler bietet dem Gast einen urgemütlichen Platz – ganz egal, bei welchem Wetter. Das Restaurant ist eine alte Mühle, und im Gegensatz zu manchen anderen der zahlreichen Eifler Mühlen steht hier nicht nur Mühle dran, es ist auch Mühle drin. Man kann fast über dem sich flott drehenden Mühlrad speisen, das von der lebhaften Prüm unter der Mühlenstube angetrieben wird. Das sieht der Gast genau durch eine Glasbrücke, die so klar ist wie die Prüm, über der man tatsächlich steht. Architektonisch ist das Innere der Mühle nicht nur urig – im Winter mit loderndem Kamin –, es ist ziemlich spektakulär, was den Gast hier erwartet. Alte Gerätschaften des typisch Eifler Müllerhandwerks runden das Ambiente stilsicher ab. Der moderne, luftige Wintergarten vermittelt dagegen fast den Eindruck, im Grünen zu sitzen. Das kann man auch, wenn es warm ist. Dazu laden dann der Biergarten und die Terrasse mit Blick auf den Mühlenteich ein.

ZANDERFILET AUF MANGO-LAUCH-GEMÜSE
Dieses Rezept finden Sie auf Seite 111

Andreas Zahn führt dieses ungewöhnliche, schöne Restaurant. Sein Anliegen besteht nicht nur darin, die Gäste mit dem wohlüberlegt restaurierten, historischen Kleinod zu begeistern, sondern selbstverständlich auch mit der Küche zu locken. Neben der regulären Karte, die frische, international orientierte Gerichte anbietet, ist ihm die täglich wechselnde Empfehlungskarte wichtig. „Der Koch schaut, was er Gutes bekommt, und präsentiert es." Das erinnert an die beste Tradition südeuropäischer Landgasthöfe. Da gibt es Semmelknödel mit frischen Pilzen, schmackhafte Eintöpfe wie bei Großmutter, herzhafte Schmorgerichte, und das zu einem sehr erschwinglichen Preis. Auch für Feiern empfiehlt sich das Restaurant. Die Heilhauser Mühle lädt alle ein. Abends zum mehrgängigen Schlemmen. Für jeden ist auf dieser kleinen Zeitreise in die Eifler Vergangenheit etwas dabei.

LANDGASTHOF HEILHAUSER MÜHLE
Andreas Zahn
Heilhauser Mühle 1
54649 Manderscheid-Waxweiler
Tel. 0 65 54 / 90 08 42
restaurant-heilhausermuehle@web.de
www.landgasthof-heilhauser-muehle.de

EIN TRAUM VON ALTEN MAUERN

Im Hotel Burg Bollendorf kann man genießen und entschleunigen

Auch Attila war mal müde und wollte ausspannen. Das soll er auf Burg Bollendorf getan haben. Seitdem ist viel passiert, doch auch nicht so viel, dass man den Charme der alten Mauern nicht sofort spüren würde, wenn man hier Gast ist. Mitten im deutsch-luxemburgischen Naturpark liegt die Burg am Ufer der wildromantischen Sauer, die die Grenze zum kleinen Nachbarland bildet. Karl-Georg Freundts Vater, ein bekannter Architekt aus Essen, überraschte vor 40 Jahren seine Familie mit der Neuigkeit, er habe soeben eine alte Burg gekauft. „Dann sind wir hierhergezogen", erinnert sich der heutige Chef. Er leitet auch die Küche und kümmert sich um jeden Gast. Zwei behagliche Restauranträume, im Sommer die Terrasse im Burginnenhof laden zum Genießen ein. Der Wintergarten ist das erste neue Gebäude seit 1739 und fügt sich perfekt ins alte Ensemble ein. Das Hotel bietet 40 Zimmer verschiedener Kategorien. Doch alle verbinden zeitgemäßen Standard mit mittelalterlichem Ambiente. Ein idealer Ort für Romantiker.

„Was wir bieten, ist ein Ort der Entschleunigung, der Erholung und des Genusses. Bei uns kann man all das optimal verbinden." Für Wanderer ist Burg Bollendorf ein idealer Standort in der milden Südeifel. Die spektakuläre Teufelsschlucht liegt gleich um die Ecke, die Luxemburger Schweiz gegenüber. Freundt ist Koch mit Leidenschaft. Selbstverständlich wird alles frisch mit besten Zutaten von ihm zubereitet. Dabei lässt er sich gern schon mal zusehen. Die Küche hat ein Fenster. Das stört ihn nicht, im Gegenteil. Gibt es bei ihm Klassiker? Der Chef seufzt gut gelaunt. Die meisten seiner selbst kre ierten Gerichte haben eine treue Fangemeinde, und wenn er sie mal wechseln will, erhebt sich sofort Einspruch. „Das zeigt mir aber auch, dass es den Gästen wirklich schmeckt, die zu uns kommen." Auf sein top ausgebildetes Team ist er sehr stolz. Er weiß, wie wichtig das für den perfekten Service ist, den sein Hotel und Restaurant präsentieren wollen. In uralten Mauern, modern empfunden.

LAMMRÜCKEN MIT THYMIAN-KNOBLAUCH-KRUSTE
Dieses Rezept finden Sie auf Seite 110

HOTEL BURG BOLLENDORF GMBH
Karl-Georg Freundt
54669 Bollendorf
Tel. 0 65 26 / 6 90
info@burg-bollendorf.de
www.burg-bollendorf.de

REZEPTE

GEFÜLLTE POULARDENBRUST MIT WALD- UND WIESENPILZEN UND MORCHEL-RAHM-SAUCE

Torschänke, Seite 88

ZUTATEN FÜR 2 PERSONEN

2 Poulardenbrüstchen (küchenfertig) à 130–140 g | 2 Blätter blanchierter Spinat oder Mangold | Butterschmalz | Salz und Pfeffer aus der Mühle

FÜLLUNG

80 ml Sahne, gut gekühlt | 90 g Hähnchenfleisch, gut gekühlt | 100 g Champignons und Pfifferlinge | Butterschmalz | 30 g Schalotten, gewürfelt | 1 EL gehackte Kräuter (Petersilie, Schnittlauch, Thymian) | 1 cl Cognac | Salz und Pfeffer aus der Mühle

SAUCE

60 g getrocknete Morcheln | 30 g Schalotten, kleingewürfelt | 10 g Butter | 2 cl Madeira | 150 ml Kalbsfond | 50 g Sahne | 1 Spritzer Zitrone | 1 Prise Zucker |Salz und Pfeffer aus der Mühle

ZUBEREITUNG

Zunächst die Morcheln abwaschen und in 200 Milliliter lauwarmem Wasser 2 Stunden lang einweichen. Dann die Sahne mit dem Hähnchenfleisch fein kuttern und durch ein Sieb streichen. Die Pilze kleinwürfeln und mit wenig Butterschmalz anbraten, Schalotten dazugeben und leicht mitbraten. Abkühlen lassen, Kräuter und Cognac dazu, salzen und pfeffern und mit der Farce mischen.
Nun die Poulardenbrüstchen der Länge nach aufschneiden, eventuell etwas klopfen. Mit dem Spinat- oder Mangoldblatt belegen, dann die Füllung darauf, alles zusammenrollen, salzen und pfeffern. Erst in Klarsichtfolie und dann in Alufolie fest einwickeln. Im Backofen bei 140 °C etwa 25 Minuten garen.
Für die Sauce die Schalotten in der Butter schmelzen lassen, Morcheln dazugeben, alles leicht anbraten, mit Madeira löschen. Kalbsfond und die Hälfte des abgeseihten Morchelwassers hinzufügen und auf ein Drittel einkochen lassen. Sahne dazu und mit den Gewürzen abschmecken.
Zum Schluss das Fleisch aus der Folie nehmen und kurz von allen Seiten im Butterschmalz anbraten, dann schräg aufschneiden und mit Sauce umgießen. Dazu passen Herzoginkartoffeln.

STEINBUTT AUF SPINAT MIT BLUTWURST-STAMPFKARTOFFELN

Restaurant Schloss Niederweis, Seite 94

ZUTATEN FÜR 4 PERSONEN

1 Steinbuttfilet à 800 g | Butter zum Braten | Mehl | Salz und Pfeffer aus der Mühle

BLUTWURST-STAMPFKARTOFFELN

4 große mehligkochende Kartoffeln | Prise Kümmel | 8 EL Olivenöl | Meersalz | 1 Paprika | 200 g Blutwurst | Rosmarin | Salz

SPINAT

500 g Babyspinat | 50 g Schalotten, gewürfelt | Butter | Muskat

VINAIGRETTE

55 g Balsamico | 10 g Salz | 25 g Zucker | 125 g Olivenöl | 12 g Walnussöl | 5 g Trüffelöl | 1 EL Paprikawürfel | 1 EL Pinienkerne, geröstet | 1 EL Fenchelwürfel, blanchiert

ZUBEREITUNG

Für den Stampf die Kartoffeln mit Salz und Kümmel 20 Minuten kochen, abgießen und ausdampfen lassen. Anschließend aufschneiden und ausschaben. Kartoffelstücke mit einer Gabel zerdrücken. Vor dem Servieren mit Olivenöl und Meersalz erwärmen. Paprika und Blutwurst oval ausstechen, die Paprika in etwas Olivenöl circa 10 Minuten mit Rosmarin und Salz schmoren.

Nach dem Entfernen der Stiele den Spinat waschen, blanchieren und in Eiswasser abschrecken. Vor dem Anrichten mit den Schalottenwürfeln in Butter glacieren und mit Muskat würzen.

Für die Vinaigrette Balsamico mit Salz und Zucker verrühren, anschließend Olivenöl, Walnussöl und Trüffelöl einrühren. Paprikawürfel, Pinienkerne und Fenchelwürfel hinzufügen.

Zum Schluss das Steinbuttfilet von der Haut befreien. In 4 gleiche Portionen schneiden, salzen, pfeffern und mehlieren. In einer Pfanne mit etwas Butter glasig braten.

ANRICHTEN

In einer hohen Ausstechform die Blutwurst und die Kartoffelmasse schichten. Mit passend ausgestochener Paprika belegen. Den glacierten Spinat dazwischen anrichten. Das Steinbuttfilet ebenfalls mittig platzieren und mit der Vinaigrette vollenden.

REZEPTE

2 REZEPTE MIT OBSTBRÄNDEN

Eifel-Edelbrand, Seite 96

KAROTTENCREMESUPPE

ZUTATEN FÜR 4 PERSONEN

600 g Karotten | 2 EL Butterschmalz | ca. 1 l Gemüsebrühe (Instant) | je 2 Prisen Cayennepfeffer, Curry und Salz | 2 Scheiben Toastbrot | 2 TL Butter | Kräutersalz | 1 Tasse Sahne | 2 EL Eifel Nelches Birnenbrand | Schnittlauch

ZUBEREITUNG

Karotten schälen, in Stücke schneiden und 3 Minuten in heißem Butterschmalz andünsten. Nur so viel von der Gemüsebrühe zugießen, dass die Karotten knapp bedeckt sind. Zugedeckt bei geringer Hitze in etwa 10 Minuten weich garen. Alles mit dem Schneidstab fein pürieren und so viel Gemüsebrühe dazugießen, dass die Suppe cremig, aber nicht zu dünn wird. Mit Cayennepfeffer, Curry und Salz abschmecken.

Toastbrot in kleine Würfel schneiden und in Butter braun braten, mit Kräutersalz würzen und aus der Pfanne nehmen. Sahne halbsteif schlagen und mit dem Birnenbrand würzen. Schnittlauch in feine Ringe schneiden.

Die Suppe in Teller füllen und mit der Sahne, den Brotwürfeln und dem Schnittlauch anrichten.

ERDBEER-MIRABELLEN-VANILLE-DESSERT

ZUTATEN FÜR 4 PERSONEN

300 g Erdbeermarmelade (hergestellt mit 2:1 Gelierzucker) | 4 EL Eifel Mirabellenbrand | evtl. etwas Erdbeersaft | 500 g frische Erdbeeren | 1 l Milch | 2 Pck. Vanillepuddingpulver | Zucker | 200 g Schlagsahne | 2 Pck. Vanillezucker | etwas geröstete Mandelsplitter | 4 Minzeblättchen

ZUBEREITUNG

Die Erdbeermarmelade mit dem Mirabellenbrand (und evtl. etwas Erdbeersaft) verrühren, sodass eine sämige Masse entsteht. Von den frischen Erdbeeren 4–6 Stück für die spätere Garnierung beiseitestellen. Alle anderen gewaschenen, entkelchten und geviertelten Erdbeeren vorsichtig unter die Masse unterheben und alles 4–5 Stunden durchziehen lassen. Aus Milch, Puddingpulver und Zucker einen Vanillepudding herstellen, sofort nach dem Kochen mit Klarsichtfolie abdecken, komplett abkühlen lassen. Inzwischen die Sahne mit dem Vanillezucker steif schlagen (davon 2 Esslöffel für die Garnierung in einen Spritzbeutel füllen). Nach dem Erkalten den Pudding mit Schneebesen kräftig durchschlagen und die Sahne unterheben. Zum Schluss Vanillecreme und Erdbeermischung abwechselnd in 4 Trinkgläser füllen, mit einem Tupfer Sahne, einer Erdbeere, Mandelsplittern und Minzeblättchen garnieren.

REZEPTE

FORELLENROULADE MIT BLATTSPINAT UND ROTE-BETE-DIP

Herrmann`s Restaurant Burg Rittersdorf, Seite 92

ZUTATEN FÜR 2 PERSONEN

400 g frischer Blattspinat | 1 Bach- oder Regenbogenforelle oder 2 Forellenfilets à 120–140 g | Zitrone | 1 mittelgroße Zwiebel | Knoblauch | 30 g Butter | 100 g Rote Bete, frisch (alternativ gekocht) | 60 g Crème fraîche | 1–2 EL Sherry-Essig | Salz und Pfeffer aus der Mühle

ZUBEREITUNG

Blattspinat putzen, waschen und in kochendem Salzwasser kurz blanchieren, in kaltem Wasser abschrecken und trockentupfen. Forellenfilets ohne Haut in Küchenfolie legen und leicht plattieren. Filets mit Salz, Pfeffer und Zitrone würzen. Die Blattspinat-Blätter auf die Forellenfilets legen, die Filets einrollen und in Klarsichtfolie einwickeln. Zwiebeln und Knoblauch in Butter anschwitzen und den restlichen Blattspinat hinzugeben. Mit Salz und Pfeffer würzen. Die eingewickelten Rouladen im Wasserdampf garen (circa 7–10 Minuten).

Rote Bete kochen und anschließend mit Crème fraîche pürieren. Mit Salz, Pfeffer und etwas Sherry-Essig abschmecken. Dazu passt Kartoffelpüree.

MANDELFORELLE

Hotel Talschenke, Seite 98

ZUTATEN FÜR 4 PERSONEN

4 frische Forellen | Saft von 2 frischen unbehandelten Zitronen | Worcestersauce | 100 g Mehl | 2 Eier | 200 g Mandelblättchen | 150 g Butterschmalz | Salz | 2 Zitronen für die Garnitur

ZUBEREITUNG

Die ausgenommenen Forellen von innen salzen, mit Zitronensaft und Worcestersauce beträufeln. In Mehl wenden und durch die geschlagenen Eier ziehen. Danach in den Mandelblättchen mehrmals wenden und die Mandeln etwas andrücken. In heißem Butterschmalz von beiden Seiten kurz anbraten, anschließend bei niedriger Temperatut von beiden Seiten etwa 5–6 Minuten braten. Wenn sich die Rückenflosse leicht lösen lässt, ist die Forelle gar.

Zu den klassischen Beilagen gehören Petersilienkartoffeln, zerlassene Butter, Zitronenspalten und Blattsalat.

REZEPTE

KALL-BURGER MIT KRÄUTER-CRÈME-FRAÎCHE

Landhotel Kallbach, Seite 100

ZUTATEN FÜR 1 BURGER

1 hochwertiges Burgerbrötchen | 1 Scheibe Eifeler Biokäse | 200 g Rinderhüfte | 50 g Rucola

KRÄUTERCREME

½ Romatomate, in Scheiben geschnitten | ½ Zwiebel, in Ringe geschnitten | 80 g Crème fraîche | 10–15 ml Milch | ½ Knoblauchzehe | 1 EL Petersilie, gehackt | 1/3 frische Gurke, entkernt und gewürfelt | Salz und Pfeffer aus der Mühle

ZUBEREITUNG

Als Erstes die Rinderhüfte vom Eifelbullen durch die feine Scheibe des Fleischwolfs zerkleinern lassen (erledigt auch der Metzger), dann die Masse salzen und pfeffern und daraus einen großen Taler formen. Für die Kräuter-Crème-fraîche alle genannten Zutaten zu einer homogenen Creme verrühren.

Den Fleischtaler in Butterschmalz (je nach Vorliebe medium oder ganz durch) braten. Das geröstete Burgerbrötchen auf den Innenseiten mit der Kräuter-Crème-fraîche bestreichen. Den Fleischtaler auf die Innenseite des unteren Burgerbrötchens legen. Dann die Tomatenscheiben, Zwiebelringe und den Rucola auf den gebratenen Fleischtaler legen. Zum Schluss die obere Hälfte des Burgerbrötchens darauflegen. Fertig!

LAMMRÜCKEN MIT THYMIAN-KNOBLAUCH-KRUSTE

Hotel Burg Bollendorf, Seite 104

ZUTATEN FÜR 4 PERSONEN

4 ganze Lammrücken mit Knochen (je ca. 400 g) | 8 Knoblauchzehen | 100 ml Olivenöl | Rapsöl zum Braten | 1 Bund frischer Thymian | Salz und Pfeffer aus der Mühle

ZUBEREITUNG

Die Knoblauchzehen schälen und mit wenig Olivenöl pürieren. Eventuell Olivenöl nachgießen. Die Konsistenz soll am Ende cremig sein. Die Lammrücken mit einem Messer von größeren Stücken Fett und Sehnen befreien, sodass die Rippenknochen frei liegen. Salzen. In einer heißen Pfanne von allen Seiten anbraten, dabei die schwerer zugänglichen Stellen per Löffel wiederholt mit Fett begießen. Nach dem Anbraten die Fleischseite pfeffern, mit dem Knoblauchöl großzügig beträufeln und mit dem gezupften Thymian bestreuen.

Die Lammrücken bei 130 °C Umluft im Backofen 15–20 Minuten garen. Danach das Fleisch an einem warmen Ort 10 Minuten ruhen lassen. Vor dem Servieren den Rücken entlang der Knochen in Scheiben schneiden oder halbieren.

Dazu passen eine kräftige Rotweinsauce, buntes Gemüse und in Olivenöl gebratene Kartoffeln.

ZANDERFILET AUF MANGO-LAUCH-GEMÜSE

Landgasthof Heilhauser Mühle, Seite 102

ZUTATEN FÜR 4 PERSONEN

4 Zanderfilet à ca. 160 g | 12 Stück Drillinge | 1 Lauchstange | 1 reife Mango | Rapsöl | 0,2 l Gemüsebrühe | 0,2 l Küchensahne (15%) | ½ Zitrone | etwas Mehl | Butter | Petersilie | Salz und Pfeffer aus der Mühle

ZUBEREITUNG

Die Drillinge circa 20–25 Minuten in Salzwasser kochen, dann abgießen und stehen lassen.

Den Lauch halbieren und in feine etwa 3–4 Millimeter dicke Ringe schneiden, waschen. Die Mango schälen, erst in etwa ½ Zentimeter dicke Scheiben schneiden, dann in Streifen, danach in Würfel.

Den Lauch in Rapsöl kurz andünsten, mit der Gemüsebrühe aufgießen, aufkochen lassen, Sahne angießen und auf kleiner Flamme köcheln lassen. Erst kurz vorm Ende die Mangowürfel dazugeben.

Zanderfilet waschen, trocken tupfen, mit Zitrone etwas säuern, in drei gleiche Teile schneiden, mit Salz und Pfeffer würzen, die Hautseite mehlieren. Die Pfanne mit Rapsöl einreiben, die Filets mit der Hautseite nach unten in die kalte Pfanne geben, anschließend den Herd auf großer Hitze anschalten. Wenn die Haut etwas kross ist, die Pfanne vom Herd nehmen und alles gar ziehen lassen. Nebenbei die Kartoffeln in einer Pfanne mit etwas Butter und gehackter Petersilie schwenken.

ANRICHTEN

In der Mitte des Tellers das Mango-Lauch-Gemüse anrichten, den Zander (mit der Hautseite nach oben) sternförmig umrum legen, in die Zwischenräume die Drillinge.

EINES DER SCHÖNSTEN WIESENTÄLER OSTBELGIENS: DAS OURTAL BEI ST. VITH

CHARMANTE SCHUTZHÜTTE AM THOMMERBERG IN DER GEMEINDE BURG-REULAND

ERSTAUNLICHES OSTBELGIEN

Eine traditionsreiche Region präsentiert sich neu und überraschend

Ein grünes, circa 30 Kilometer breites Band zieht sich an der Grenze entlang. Vom Dreiländerpunkt Deutschland – Belgien – Niederlande im Norden zum Dreiländerpunkt Belgien – Luxemburg – Deutschland im Süden: ein Band mit vielen blauen Flecken, das ist Ostbelgien. Heimat der deutschsprachigen Gemeinschaft unseres Nachbarlands. Mit eigener Regierung, eigenem Parlament und, was entscheidend und Grundlage für alles ist: mit einer eigenen, unverwechselbaren Identität, die nicht allein von der Sprache geprägt ist.

Sind hier schon die Ardennen, oder ist es noch die Eifel? Geografen drücken sich da etwas zurückhaltend aus. Eigentlich ginge hier die Eifel rein geologisch als Teil des Rheinischen Schiefergebirges allmählich in die Ardennen über. Das Hohe Venn, eine bizarre Landschaft, die schon seit Jahrhunderten Besucher fasziniert, sei, so erfährt man, ein Vorläufer der Ardennen, die Brücke quasi im Norden zwischen Eifel und Ardennen. Ein Hochplateau, ein Hochmoor, der höchste Punkt Belgiens, kann man nachlesen. Das Venn teilt die zwei deutschsprachigen Inseln – die um Eupen im Norden und die um St. Vith im Süden –, denn mittendrin, im Hohen Venn, hat sich ein Stück Wallonien gequetscht. Nicht deswegen die blauen Flecken. Das enge Neben- und Miteinander empfindet man hier nicht als Störung, sondern vielmehr als Bereicherung, als Zeugnis des entspannten Seins, guter Nachbarschaft und kultureller Offenheit. Hier ist Europa.

Die blauen Flecken hat sich das grüne Band Ostbelgien also nicht durch Schubsen eingefangen: „Eau“ – stbelgien! Das O – auf Französisch „l'eau“ geschrieben, O gesprochen –, steht auch für all das viele Wasser, das aus dieser Landschaft sprudelt. Wasser ist ein Erlebnisraum. Flüsse, Seen, Stauseen, wie bei der Eifel, all das ist in Fülle da. Und da die Region kleiner ist, scheint noch mehr hervorzuquellen. Wasser entspannt, das weiß man. Wasser ist für den Menschen nicht nur Lebensquell, in unserer Freizeit bedeutet Wasser Attraktion. Seit Jahren zieht dieser Landstrich deshalb auch Wanderer an, aus der Heimat, wie Nachbarn aus den Niederlanden und aus Deutschland. Das Hohe Venn ist eine der eigenartigsten, ja einzigartigen

Hochmoor-Landschaften in Europa. Auf sicheren Stegen und Wegen kann man es durchqueren. Auch über das Venn hinaus lockt Ostbelgien mit tiefen Tälern, grünen Oasen, hohen Bergen. Blauen Tupfen.

Obwohl unser Nachbarland auf eine große Tradition berühmter Radfahrer zurückblickt, vermutet man vielleicht zu Recht, dass die an flacheren Gestaden üben. Radfahren in Ostbelgien? Da hat man in den letzten Jahren einen wahren Radfahrer-Geheimtipp entwickelt. Erst hat man sich erinnert, dann ausgegraben, dann poliert und den Wünschen des Radlers angepasst. Bis man die Idee schließlich begeisterten Freizeit-Radlern – nicht Tour-de-France-Aspiranten – präsentieren konnte: die „Grünen Wege" der ehemaligen Eisenbahntrassen. Die bekannteste ist sicherlich die Venn-Bahn, die einst den Preußen den Transport von Erzen aus Ostbelgien und der Eifel ins Rheinland und Ruhrgebiet ermöglichte. Statt Kohle bewegt nun der Mensch sich selbst durch unzerstörte Landschaft. Über 125 Kilometer geht es mit maximal 2 bis 3 Prozent Steigung wie Neigung von Aachen bis nach Luxemburg. Dabei überradelt man Ländergrenzen, kann auch ganz bequem in West-Ost-Richtung auf Eifel-Bahntrassen wechseln. Bis hin nach Jünckerath, zum Kyllfahrweg oder nach Daun zum Maar-Mosel-Weg. Ein feines, gut erschlossenes, gepflegtes Radfahrerparadies.

OLDTIMER-TREFFEN AN DER BRASSERIE DE BELLEVAUX

MITTEN DURCH EINE FASZINIERENDE HOCHMOOR-LANDSCHAFT: EIFELSTEIG AM HOHEN VENN

Haben wir schon erwähnt, dass im europäischen Vergleich beide, die Eifel wie Ostbelgien, zu einer raren „Luftreinheitszone" gehören? Das passt gut zum Wandern und zum Radfahren. Und das bringt uns schließlich zur Belohnung. Nach dem Genuss an der Natur genießt der Mensch mit Gaumen und Zunge. Dort, wo man rastet und sich kulinarisch bestens erholen kann. Darin hat Ostbelgien eine hoch geschätzte Tradition. Hier verwöhnt man seit Langem als Gastgeber gerne die Besucher. Die Menschen hier sind bodenständig, ähnlich den Eiflern. In den südlichen Gemeinden Ostbelgiens sieht man sich auch eher als Eifler, wenn man nachfragt. Der Dialekt, der hier gesprochen wird, hört sich nach Eifel an. Nur hat, wird dem Gast aus Deutschland stolz erzählt, der Wallone auch ein bisschen abgefärbt. Die gewisse Prise des Savoir-vivre stoße zum „Eiflischen" dazu. Der Einfluss der romanisch geprägten Kultur ist nicht zu leugnen und bildet mit dem gestandenen Eiflischen eine spannende wie entspannte Melange. Man spürt den Zusammenhalt einer Minderheit. Hier ist der europäische Gedanke sehr greifbar und begreifbar.

Die mehrsprachige Kultur in Ostbelgien kann man nicht nur hören, man kann sie schmecken. Die Landwirtschaft im milden Süden bringt an Produkten so viel Leckeres hervor, das weit über die Grenzen der Region bekannt ist und geschätzt wird. Schinken, Pasteten, feine Kuchen, Schokolade. Und noch viel mehr. Hier gibt es Qualität nicht nur in der Natur, sondern seit jeher auch im Gastronomischen. Darunter machen sie es nicht im grünen Grenzland. Setzen Sie sich mit uns an den gedeckten Tisch Ostbelgiens zum Genuss.

RUHEOASE MITTEN IM DORF

Der Bütgenbacher Hof verbindet Wellness mit Genuss

Wer vermutet, dass die Adresse „Marktplatz" mitten im schönen Bütgenbach im Widerspruch zur Bezeichnung „Silence Hotel" steht, das der Bütgenbacher Hof im Namen führt, wird überrascht. Der Marktplatz entpuppt sich als grünes Idyll mit alten Kastanien, auf die der Gast vom Hotel aus und dem Wintergarten blickt. Seit 1987 existiert das Haus, dessen Architektur einen Hauch von alpinem Flair transportiert. Thorsten Maraite und seine Frau führen das Hotel und Restaurant seit vier Jahren sehr engagiert und mit vielen Plänen. Die Eltern, die es einst gründeten, stehen auch noch tatkräftig an ihrer Seite. Schon Mitte der 90er-Jahre, als „Wellness" für viele Hotelgäste noch ein Fremdwort war, präsentierten die Maraites im Bütgenbacher Hof ihre feine Wellness-Oase. Seitdem ist ein geräumiger Pool hinzugekommen, der so geschätzt wird, dass viele Gäste länger buchen, um alles ausführlich zu genießen – auch mal an einem kühlen Tag. „Unsere deutschen Gäste nutzen das sehr gern", weiß der Chef. „Belgier kommen zu uns eher zum Essen und Trinken." Beides schließt sich ja nicht aus. Hier kann man es aufs Angenehmste miteinander kombinieren. Die Basis der anspruchsvollen, frischen Küche ist französisch,

THUNFISCHSASHIMI MIT AVOCADO UND KNUSPERCANNELLONI

Dieses Rezept finden Sie auf Seite 136

doch soll der Gast immer wieder aufs Neue überrascht werden. Hausgäste treffen hier viele einheimische Genießer. Moderne in Kombination mit Gemütlichkeit wird großgeschrieben. Das spürt man besonders im Restaurant und im luftigen Barbereich, der zum Aperitif und entspannten Plausch einlädt.

Seit es die beliebte Venn-Bahntrasse gibt, stellen sich, zur Freude der Gastgeber, auch zahlreiche Fahrradwanderer ein, die hier gern übernachten und genießen. Für sie gibt es eine Fahrradgarage mit Reparaturbank. An alles, was den Gast erfreut, wird gedacht. Das Team ist jung, hoch motiviert und herzlich. „Nur wenn der Gast zufrieden ist, sind wir es auch." Thorsten fügt hinzu: „Silence Hotel heißt nicht etwa, dass man bei uns flüstert. Im Bütgenbacher Hof wird viel gelacht." Lachen, man weiß es, ist immer schon fester Bestandteil von Genuss und Sichwohlfühlen.

SILENCEHOTEL BÜTGENBACHER HOF
Thorsten Maraite
Marktplatz 8
B-4750 Bütgenbach
Tel. 00 32 (0) 80 / 44 42 12
info@bbh.be
www.bbh.be

brüls
brüls
restaurant

NICHTS GEHT ÜBER FAMILIE

Im Restaurant Brüls feiern vier Schwestern die belgische Küche

CÔTE À L`OS BÉARNAISE
Dieses Rezept finden Sie auf Seite 137

Das farbenfrohe Porträt der vier Schwestern Brüls mitten in ihrem gemütlichen Restaurant in Bütgenbach verrät dem Gast schon viel: Hier geht es locker, lustig, lecker zu. Fröhliche Farben runden auch die Räume ab, die den Genießer hier willkommen heißen. Jedes Gericht hat sein eigenes Porzellan, auf dem es präsentiert wird. „Der ganz besondere Touch einer Frau", zwinkert Ingrid, die Chefköchin. Als sie mit ihren Schwestern Astrid, Birgit und Maria das elterliche Restaurant vor 20 Jahren übernahm, wollten sie zwar nach wie vor die traditionelle, hochgelobte belgische Küche zelebrieren, doch auf ihre individuelle Weise. Auch die fünfte Schwester des Brülschen Genussquintetts arbeitet im Betrieb, genau wie die Kinder. Hier dreht sich alles um den Gast und die Frage, wie man als Familie andere verwöhnen kann. Eine regional und saisonal erprobte Küche bietet rund ums Jahr das, was man sich von ihr hier in Ostbelgien wünscht: Spargel im Frühjahr, knackige Salate im Sommer, wunderbar frische Muscheln mit den original Fritten ab August und Wild an dunkleren Abenden. Ein wenig erinnert das kuschelige Restaurant an ein Wohnzimmer. Das schätzen die vielen Stammgäste des Hauses. Doch auch Tagesbesucher, die den nahen See genießen oder vom Radwanderweg hierher finden, sind angetan von der Herzlichkeit, die man auch schmecken kann. „Egal, ob jemand Eier oder Hummer bei uns isst, wenn's dem Gast mundet, sind wir glücklich", erklärt Ingrid, die begeisterte Köchin. Sie lässt sich gern, wenn sie auswärts isst, von Kollegen wie von Büchern inspirieren. Dann wird es in ihrem Kopf kreativ gewendet, um auf ihrem Teller schließlich seinen Platz zu finden. Das Restaurant spiegelt in unverwechselbarer Weise die Mentalität der Ostbelgier wider. „Hier wird oft gefeiert und richtig geschlemmt", verrät Ingrid lachend. Die Schwestern Brüls sind ein prima Beipiel dafür und teilen diese Neigung mit dem Besucher gern.

RESTAURANT BRÜLS
Monschauer Straße 6
B-4750 Bütgenbach
Tel. 00 32 (0) 80 / 44 48 09
info@restaurant-bruels.be
www.restaurant-bruels.be

WIE DAS BROT IST AUCH DER MENSCH

In der Bäckerei Heinen kann man Ostbelgien richtig schmecken

„Unsere Natur ist wie der Herbst: stimmungsvoll und farbenfroh, leicht rau und bodenständig." Renate Heinen zieht nicht nur Parallelen zur der Landschaft ihrer Heimat. Die findet sich, ihrer Meinung nach, auch in den Menschen hier, so wie im Brot und Kuchen. Ihr Vater, ein echter Bäcker mit Leidenschaft und Anspruch, gründete den Betrieb im einstigen Gemeindehaus von Bütgenbach 1951. Mit sehr viel Mut und wenig Geld, wie sie sich erinnert. Deshalb ist das Café mit Bäckerei auch heute schnell zu finden. Man sucht nur nach dem Kirchturm – und entdeckt gleich daneben diesen Traditionsbetrieb. Im Sommer kann man sich auf der gemütlichen Terrasse mit Blick auf die alten Kastanien des Marktplatzes niederlassen und ganz entspannt Kaffee und Kuchen genießen. „Manche Gäste rufen schon morgens aus dem Rheinland oder Flandern an und bitten darum, ihnen einen Reisfladen für den Nachmittag zu reservieren." Der Reisfladen, hier auch „Flad" genannt, ist eine ostbelgische Spezialität seit vielen Generationen. Tat-

sächlich schmilzt die Milchreiscreme verführerisch im Mund des Genießers. Aber auch die berühmten Streuselfladen hält Heinen für den Gast bereit. Ebenso wie – selbstverständlich – Torten vom Feinsten.

Der Bruder, mit dem Renate Heinen zusammen 1990 den Betrieb von den Eltern übernahm, ist Bäcker-Konditor. Damals wurde von den beiden zusätzlich zur Bäckerei noch das Café eröffnet, das heute, aufs Modernste renoviert und umgebaut, trotzdem seinen alten Charme nicht verloren hat. Das Heinen-Team hinter der Theke bedient die Kundschaft, die von überallher gern kommt, sehr herzlich und berät gern. Süße Mitbringsel locken, wenn man in die Vitrinen schaut. So zaubert der älteste Sohn Rik immer wieder neue Kuchenkreationen. Nicht zuletzt das Brot mag man sich mitnehmen, das Traditionsgraubrot auf Sauerteigbasis, das bei Heinen noch so schmeckt, wie es der Vater einst gelernt hat. „Bütgenbach hat nicht geschlafen", erklärt Frau Heinen stolz. „Wir bieten einiges." Für den Reisfladen allein würde sich ein Besuch schon lohnen.

JOHANNISBEER-BAISER-TARTE
Dieses Rezept finden Sie auf Seite 138

BÄCKEREI HEINEN
Renate und Robert Heinen
Marktplatz 15
B-4750 Bütgenbach
Tel. 00 32 (0) 80 / 44 62 43
heinen.baeckerei@gmail.com
www.baeckerei-heinen.be

FEIN VOM SCHWEIN

In Montenau stellt man den „gläsernen" Ardenner Schinken her

Durch den malerischen Ort Montenau, eine halbe Stunde von St. Vith entfernt, schlängelt sich das Flüsschen Amel durch saftig grüne Wiesen. Wasser, das erfährt der neugierige Besucher bald, ist nicht nur in großer Fülle und von bester Qualität vorhanden, es ist auch wichtig für die Herstellung des Edelsten, was die ostbelgische Fleischproduktion zu bieten hat: Ardenner Schinken. Genau dem haben sich Klaus Rohs und sein Sohn Sascha verschrieben. Schon seit Jahrhunderten hat man in diesen Tälern die weltberühmte Spezialität hergestellt. Einst gingen die Experten von Hof zu Hof und salzten die Schinken für die Bauern sachkundig ein. Dann wurden sie langsam geräuchert. An dieser alten Tradition knüpfen die Rohs nun an. Ihr Anliegen ist, die Produktion ihres wertvollen Ardenner Schinkens für den Verbraucher transparent zu machen.

Wer als Besucher zu den Montenauers kommt, kann ganz nah die Stufen verfolgen, die ein Stück hochwertiges Schinkenfleisch von belgischen Schweinen erst durchlaufen muss, um zum Leckerbissen von besonderer Qualität zu werden. „Unsere Produktion ist gläsern und gleichzeitig glasklar", erklärt Klaus Rohs den einfachen, doch aufwendigen Prozess. Erst wird der Schinken gesalzen. Die spezielle Salz-Gewürz-Mischung bleibt ein geheimes Hausrezept. Im Pökel liegt er dann sechs Wochen, anschließend wechseln die Schinken in

einen Behälter zum trockenen Reifen. Der Reifeschimmel wird mit Wasser der hauseigenen Quelle abgewaschen, bevor die feinen Stücke in den Kaltrauch aus Buchenholz wandern. Für vier Wochen. Weitere Reifestadien müssen folgen, bis der Schinken nach sechs Monaten so ist, dass man ihn, hauchdünn geschnitten, kosten kann. Das Problem besteht darin, mit dem Kosten aufzuhören. Die Montenauer produzieren auch feine Würste, Salami, Mettwürste, was das Herz begehrt. Auch die werden nach altem Rezept und traditioneller Machart hergestellt. Das alles benötigt als allerwichtigste Zutat, die den Geschmack des Schinkens erst veredelt: Zeit. Die hat man hier.

MONTENAUER KERNSCHINKEN MIT HONIGMELONE

Dieses Rezept finden Sie auf Seite 138

MONTENAUER
Klaus Rohs
Am Bahnhof 19
B-4770 Montenau
Tel. 00 32 (0) 80 / 34 95 86
info@montenauer.com
www.montenauer.com

ETWAS MUSIK IM BROT

Fonks feine Backwaren sind ein bezahlbarer Luxus

Zum guten Kuchen gehört eine leckere Tasse Kaffee oder Tee!" Eric Fonk strahlt. In dritter Generation führen er und sein Bruder Mario die Backstube in St. Vith, die in der Vielfalt ihrer Palette den Gast verwöhnt. Wenn man Eric in dem gemütlichen Café im Zentrum der ostbelgischen Stadt trifft, steht man eigentlich nicht nur einem, sondern gleich mehreren Herren gegenüber: Zunächst mal ist er Handwerker, Bäcker aus Leidenschaft. Dann ist er Kaffeeliebhaber, Imker, Landwirt. Die Fonks lassen nur Kaffee rösten, der aus fairem, nachhaltigem Anbau stammt. Roggen, Dinkel und Backgerste lassen sie in der Region anbauen. Der Honig stammt selbstverständlich von den eigenen Bienenvölkern. Schließlich ist Fonk auch noch Gastronom. Über den wunderbaren Kuchen hinaus lockt das Café täglich mit frisch belegten Broten und selbst gekochter Suppe. Nicht nur bei Einheimischen sind Café und Bäckerei beliebt. Der neue Radwanderweg ist nah, und hier macht der Natur-

FONKS HACKFLEISCHSUPPE
Dieses Rezept finden Sie auf Seite 139

freund gern mal eine Pause. Auch die Mitarbeiter sind den Brüdern wichtig, nicht nur der Gast. Die sind top ausgebildet und Teil der Fonkschen Philosophie, wonach nur derjeniger, der zufrieden ist, gern gibt, teilt und Freude an der Arbeit hat. Das vermittelt sich dem Gast ganz schnell. Hier setzt man auf höchste Qualität, sowohl die der Rohware als auch der handwerklichen Erzeugnisse, die so schmecken, wie man es sich wünscht. „Das Gesicht unseres Unternehmens bleibt die Familie", sagt Eric. Neben den Brüdern sind auch die Frauen und die Mutter unverwechselbarer Bestandteil des Betriebs, auf den man baut. Hier wird ein Fruchtkompott gerührt, das auf dem beliebten Weizenmischbrot des Hauses unvergleichlich schmeckt. Zudem stellen die Fonks ihre eigenen Pralinen her, exquisit belgisch. Das Eis wird wie die Creme der Torten für den optimalen Geschmack aus Rohmilch hergestellt. Dies ist einer der wenigen Betriebe, die dafür zugelassen sind. Eric spielt begeistert das Euphonium, ein Blechblasinstrument. „Der Musiker muss immer mehreres gleichzeitig machen – und das gut. Davon profitiert der Bäcker", schmunzelt er. Dass Musik mit ins Brot rutscht, wundert niemanden.

FONK'S BACKWAREN AG
Eric Fonk
Hauptstraße 103
B-4780 St. Vith
Tel. 00 32 (0) 80 / 22 81 23
eric.fonk@backwaren.be
www.fonk.info

ES GIBT AUCH PIZZA

Die Pizzeria Napoli überrascht den Gast mit pfiffigen Gerichten

Als Stephan Kohnen vor 17 Jahren die Pizzeria Napoli im Herzen von St. Vith übernahm, servierte man dort erfolgreich Pasta und Pizza. Da wollte der ambitionierte Koch, der in guten Häusern gelernt hatte, nicht enttäuschen. Mit den Jahren überzeugte er seine Gäste immer mehr mit dem, weswegen er mit Herzblut hinter dem Herd steht: mit einer wunderbaren, frischen, leichten Küche mit dem gewissen Etwas. Einfach, ehrlich, hochwertig und deshalb fast unschlagbar. Von der Pasta bis zum Limoncello wird alles von Hand liebevoll vom Team zubereitet. Die Blüten für den Holundersaft, Bestandteil eines beliebten Cocktails, pflückt die Chefin mit den Kindern selbst. „Mein Mann bleibt immer in Bewegung." Damit meint seine Frau Katja, dass der Chef am Herd immer auf der Suche nach Neuem, Authentischem, Zeitgemäßem ist, um den Gast zu verwöhnen, was ihm vollends gelingt. Sie sind auf ihre vielen Gäste stolz, die sowohl aus der Region als auch von weiter her zu Stammgästen wurden und sogar einen Umweg in Kauf nehmen, um hier einzukehren. Zusätzlich zu einer stets wechselnden Karte, die auf regionale, neu interpretierte Produkte setzt, überraschen sie im Frühsommer mit einer umfangreichen Spargelkarte. Im Winter gibt es viel mehr als nur ein, zwei Wildgerichte. Im Oktober präsentieren sie die Vielfalt des Fischs der belgischen Küste in St. Vith, ein Highlight, das die Gäste besonders begeistert. Nicht nur für die kleinen Besucher, die hier sehr willkommen sind, sondern auch für alle eingefleischten Pasta- und Pizzafreunde wird auch das, was eigentlich der Name schon verheißt, sehr lecker angeboten: Pasta und Pizza. Der Name ist bekannt und spricht alle Altersklassen an. „Nicht selten entdeckt der Feinschmecker seine Liebe zur Pizza neu. Nur wird bei uns der Gast noch durch viel mehr verwöhnt. Dann ist er beim ersten Mal vielleicht über die hohe Qualität und die Raffinesse verblüfft und kommt deshalb immer wieder.

GEBRATENE ENTENSTOPFLEBER AUF RISOTTO MIT HONIG-THYMIAN-JUS
Dieses Rezept finden Sie auf Seite 140

PIZZERIA NAPOLI GMBH
Stephan Kohnen
Hauptstraße 96
B-4780 St. Vith
Tel. 00 32 (0) 80 / 22 67 15
info@pizzerianapoli.be
www.pizzerianapoli.be

SICH ETWAS GUTES GÖNNEN KÖNNEN

Die Boucherie Schneider bietet unverwechselbare Wurstwaren

Es führt kein Weg an dieser Metzgerei vorbei, wenn man durch das Hohe Venn fährt. Das Dörfchen Sourbrodt mit Schneiders Boucherie ist seit Langem Ziel für Freunde hochwertiger Fleischprodukte, die auf der Suche nach dem Einmaligen, weit weg von Massenware sind. Im Jahr 2012 übernahmen die drei ostbelgischen Metzgerei-Inhaber Bruno Schmetz, Thomas Kohnen und Mario Hilt aus Leidenschaft die Traditionsmetzgerei der Eheleute Schneider und führen sie seitdem, dem Handwerk verpflichtet, mit spannenden Ideen. Da gibt es zum Beispiel das ostbelgische Rotbunte Rind mit dem kräftigen, dunkel marmorierten Fleisch. Die Rasse war fast ausgestorben, doch nun züchtet man sie wieder. Die Reaktion auf dieses unvergleichliche Rindfleisch war überwältigend. Nichts, was der Kunde in der Metzgerei findet, ist, wie bei vielen Metzgern üblich, zugekauft. Alles – und darauf ist Thomas sehr stolz – wird hier vor Ort produziert: Venn-Schinken, Venn-Salami, nicht zu vergessen die berühmte Venn-Pastete. Was macht die Venn-Produkte so einmalig? „Sie schmecken einfach intensiver. Wir salzen zwar weniger, doch ist alles kräftig im eigenen Geschmack." Nicht nur der Kunde, der auch aus Deutschland und den Niederlanden hierher pilgert, ist hoch zufrieden. Schneider beliefert die anspruchsvolle Gastronomie der Region

ZUTATEN FÜR DEN FALSCHEN VENN-HASEN

Dieses Rezept finden Sie auf Seite 139

sowie kleine Tante-Emma-Läden, wo der Kunde auch König bleiben soll. Wanderer kommen gern in die Boucherei und neuerdings auch die vielen Radler von der Venntrasse. Hier finden sie leckere, individuell belegte Brote und viele Spezialitäten, die sich als kleines Souvenir eignen. Wenn man sie nicht sehr schnell selbst aufisst. Doch sollte sich jeder Kunde diese Warnung vor Augen und Gaumen halten: Schneiders Produkte sind wirklich einmalig. „Hier haben wir das Beste zusammengetragen, was in unserer Region, für die wir stehen, Ostbelgien, rund um das Fleisch möglich ist. Wer einmal unsere Wurst probiert hat, muss hierher zurückkehren, um sie wieder zu genießen." Wenn er das sagt, klingt es nicht wie eine Drohung, sondern wie ein Versprechen.

BOUCHERIE SCHNEIDER
Rue de la Station 48
B-4950 Sourbrodt
Tel. 00 32 (0) 80 / 44 60 38
Ihr Ansprechpartner:
thomas.kohnen@hotmail.de
www.boucherie-schneider.be

BRASSERIE DE
BELLEVAUX
BRASSERIE DE
BELLEVAUX

O – WIE ÜBERRASCHEND!

Was die Marke „Made in Ostbelgien“ so attraktiv anders macht

Die Region Ostbelgien ist für viele Besucher aus Belgien, den Niederlanden und natürlich Deutschland schon lange ein beliebtes Ziel. Die Landschaft, allen voran das Hohe Venn, bietet eine einzigartige, unberührte Natur zum Wandern und Entspannen. Gern steuert man die Region auch an, um hier zu genießen. Ostbelgien lädt alle dazu ein. Das schätzt der Besucher. Die unwiderstehliche Kombination aus französischem Savoir-vivre und deutsch geprägter Gastlichkeit lässt diesen Teil unseres Nachbarlands hervorstechen. Seit 2013 hat man sich dort zusammengeschlossen, um den Fokus der Produkte, die diese Region hervorbringt, herauszustellen, um sie so dem Besucher leichter zugänglich zu machen. Zahlreiche Produzenten präsentieren unter der Marke „Made in Ostbelgien“ stolz ihren hohen Anspruch im Handwerk. Dass dabei bisher kleine und mittelständische Betriebe, die sich der Lebensmittelproduktion widmen, im Zentrum stehen, überrascht nicht. Genuss wird hier ja großgeschrieben. Die Zugehörigkeit zur Marke stellt nicht nur ein hohes Qualitätsmerkmal dar, sondern Verpflichtung wie Engagement. Was hier mit den Händen entsteht, definiert sich zunächst über die Qualität der aus der Region bezogenen Rohstoffe. Dann aus der nachhaltigen Verarbeitung zu einem Produkt, das nicht nur unverwechselbar lecker schmeckt, sondern auch den kulinarischen Reichtum der Region Ostbelgien widerspiegelt: Schinken, Wurst, Fisch, Brot, Kuchen, Käse und Schokolade, um nur einiges zu nennen. Der Besucher kann die engagierten Produzenten vor Ort besuchen und darf kosten. Doch auch durch die Verarbeitung vieler Gastronomen der Region findet man die Marke „Made in Ostbelgien“ auf dem Tisch. Das „O“ im Logo der Marke steht nicht nur für Ostbelgien. Auch das viele Wasser der Region fließt da mit ein, auf Französisch ganz einfach „eau“, gesprochen „O“. Wir profitieren von der Sprach- und kulturellen Vielfalt. Ganz zuletzt ist auch noch ein anderes „O“ mit dabei. Was man hier alles auf 854 Quadratkilometern entdecken und genießen kann: „Oh!“ Wie in Überraschung. Aufs Leckerste.

MINISTERIUM DER DEUTSCHSPRACHIGEN
GEMEINSCHAFT BELGIENS
Pascale Müllender
Gospertstraße 1
B-4700 Eupen
Tel. 00 32 (0) 87 / 59 63 00
info@madeinostbelgien.be
www.madeinostbelgien.be

THUNFISCHSASHIMI MIT AVOCADO UND KNUSPERCANNELLONI

Silencehotel Bütgenbacher Hof, Seite 120

ZUTATEN FÜR 10 PORTIONEN

500 g frischer Thunfisch | Olivenöl | Gurkensorbet | Salz und Pfeffer aus der Mühle

ZUBEREITUNG
Thunfisch in Rechtecke von 5 Zentimeter Durchmesser schneiden. In heißem Olivenöl 15 Sekunden von 4 Seiten anbraten, mit Salz und Pfeffer würzen. Pro Portion 3 Scheiben (jeweils 1 Zentimeter breit) schneiden. Mit einer Kugel selbst gemachtem, herbem Gurkensorbet anrichten.

3 Avocados | ½ Chili brunoise | Koriander chiffonade | Limettensaft | ½ rote Zwiebel brunoise

ZUBEREITUNG
Die Hälfte der Avocados pürieren, die andere Hälfte fein würfeln. Die Würfel und die weiteren Zutaten unter das Püree heben.

Stangensellerie | 100 g Thunfischabschnitte | 1EL Mayonnaise | Zitronensaft | Koriander | Piment d'Espelette | 20 Filoteig-Röhrchen

ZUBEREITUNG
Sellerie fein würfeln, blanchieren, mit gewürfeltem Thunfisch und anderen Zutaten vermengen. Beim Anrichten in die Cannelloni aus Filoteig-Röllchen spritzen.

200 g Krustentier-Karkassen | 1 Schalotte | 1 Selleriestange | ½ Lauchstange | 10 Korianderkörner | 6 weiße Pfefferkörner | 1 Lorbeerblatt | 100 ml Noily Prat | 300 g Krustentier-Fond | 20 g Korianderblätter | 20 g Petersilienblätter | 1 Messerspitze Xanthan | 200 g Olivenöl | Salz und Pfeffer aus der Mühle

ZUBEREITUNG
Karkassen in Olivenöl anschwitzen, Gemüse und Gewürze hinzufügen, mit Noily Prat ablöschen. Dann den Krustentierfond hinzufügen, aufkochen, 20 Minuten ziehen lassen, durch ein feines Sieb passieren. Mit Kräutern und Xanthan mixen, mit Olivenöl emulgieren, durch ein Mikrosieb passieren, mit Salz und Pfeffer abschmecken.

2 Schalotten | 1 Zitronengrasstange | Pinienkernöl | 3 Korianderstängel | 1 rote Chili-Schote | 100 ml Geflügelfond | 50 ml Mirin | 20 ml Passionsfruchtsaft | 1 Messerspitze Xanthan | 1 EL Senfkörner | 70 ml Chardonnay-Essig | 1 Mango | 1 EL gehackter Koriander | Salz und Pfeffer aus der Mühle

ZUBEREITUNG
Schalotten würfeln, Zitronengras schneiden, in Pinienkernöl anschwitzen. Korianderstängel und Chili hinzufügen, mit Geflügelfond, Mirin, Passionsfruchtsaft und Xanthan aufkochen, 10 Minuten ziehen lassen. Senfkörner in Salzwasser mit einem Schuss Chardonnay-Essig aufkochen, 10 Minuten köcheln lassen. Mango schälen, entkernen, Fleisch fein würfeln, unter die Marinade heben, abgetropfte Senfkörner und Pinienkernöl dazugeben, mit Salz und Pfeffer abschmecken. Mangorelish kühl stellen, kurz vor dem Servieren Koriander untermischen.

ANRICHTEN
Die verschiedenen Bestandteile zum Beispiel wie auf dem Foto oben dekorativ auf einer Platte anrichten.

CÔTE À L'OS BÉARNAISE

Restaurant Brüls, Seite 122

ZUTATEN FÜR 4 PERSONEN

4 Stück Côte à l'os (Rippenstück vom Rind) | 4 Cherrytomaten am Strunk | 1 Zwiebel, in Ringe geschnitten | 100 g Parmesan | 400 g Rucola-Salat

800 g mehligkochende Kartoffeln (Bintje) | 4 festkochende Kartoffeln | Olivenöl | Prise Meersalz

BIERTEIG FÜR ZWIEBELRINGE

150 g Mehl | 0,3 l Bier (Stella) | 1 Eigelb | Prise Salz

SAUCE BÉARNAISE

2 EL Weißwein-Essig | 3 EL Estragon, klein geschnitten | 30 g Schalotten, fein gehackt | 10 Pfefferkörner (zerdrückt) | 4 Eigelb | 250 g geklärte Butter | 2 EL Kerbel, klein geschnitten | Saft von einer halben Zitrone | Salz und Pfeffer aus der Mühle

ZUBEREITUNG

Zunächst für den Bierteig Mehl, Eigelb, Bier und Salz zu einem glatten Teig verrühren. Dann die mehligkochenden Kartoffeln schälen und in 1 Zentimeter dicke Streifen schneiden. Bei 140 °C frittieren, bis sie gar sind. Die 4 festkochenden Kartoffeln 20 Minuten lang kochen und anschließend feine Rillen einschneiden. Diese dann mit Olivenöl und grobem Meersalz bestreuen und im vorgeheizten Backofen bei 180 °C für 10 Minuten backen.
Für die Sauce béarnaise den Essig mit 2 Esslöffeln Estragon, den Schalotten und den Pfefferkörnern in einem kleinen Topf verrühren und die Flüssigkeit bei schwacher Hitze um die Hälfte einkochen, dann beiseitestellen. Die Eigelbe und 3 Esslöffel kaltes Wasser unter die kalte Reduktion rühren und die Masse dann auf kleiner Flamme mit einem Schneebesen 8–10 Minuten aufschlagen. Beim Aufschlagen die Hitze langsam erhöhen, die Sauce aber nicht heißer als 65 °C werden lassen. Vom Herd nehmen und nach und nach die geklärte Butter hinzufügen. Die Sauce mit Salz und Pfeffer abschmecken und durch ein feines Sieb passieren. Den verbliebenen Estragon, Kerbel und Zitronensaft unterrühren und servieren.
Jetzt das Fleisch in der heißen Grillpfanne von beiden Seiten anbraten und mit Salz und Pfeffer würzen. Die Côte à l'os für 3 Minuten in den vorgeheizten Ofen schieben (180 °C). Zur selben Zeit die Cherrytomaten in den Ofen geben. Die zuvor bereits hergestellten Fritten zum zweiten Mal bei 180 °C frittieren und mit Salz abschmecken. Die Zwiebelringe im Bierteig wenden und anschließend ebenfalls frittieren, bis sie goldbraun sind.

ANRICHTEN

Alle Zutaten auf einer vorgeheizten Platte mit dem Rucola und Parmesan anrichten.

REZEPTE

JOHANNISBEER-BAISER-TARTE

Bäckerei Heinen, Seite 124

ZUTATEN FÜR 1 TARTE

1 Mürbeboden | 450 g eingekochte Johannisbeeren | 1 Schicht Biskuit | 150 g Eiweiß | 300 g Zucker | 60 g gehobelte Mandeln

ZUBEREITUNG

Die Johannisbeeren gleichmäßig auf dem Mürbeboden verteilen und anschließend mit dem Biskuit bedecken. Das Eiweiß mit dem Zucker aufschlagen und die Baisermasse über die Biskuitschicht streichen. Zur Deko Mandeln rund um die Tarte verteilen.

Mit einer Sterntülle werden nun mit der Baisermasse Muster auf die Tarte dressiert. Um das Ganze noch zu verfeinern, raten wir, das Baiser mit einem Heißluftföhn zu flambieren.

MONTENAUER KERNSCHINKEN MIT HONIGMELONE

Montenauer, Seite 126

ZUTATEN

Montenauer Kernschinken, geräuchert | Honigmelone | gemischter grüner Salat

ZUBEREITUNG

Am besten schmeckt der Schinken, wenn er einige Wochen ohne Verpackung zum Trocknen abhängt (eventuell in einem kühlen Kellerraum). Pro Person rechnet man mit 5–6 hauchdünn geschnittenen Scheiben Schinken. Richten Sie sie auf dem Teller an, und legen Sie 2 Stücke einer reifen und saftigen Honigmelone dazu. Als Beilage empfehlenswert: ein kleiner gemischten Blattsalat mit Dressing und ein paar Stücke Bauernbrot. Dazu passt ein Glas Weißwein (zum Beispiel Pinot Gris, halbtrocken) oder ein leckeres belgisches Trappistenbier.

FONKS HACKFLEISCHSUPPE

Fonks Backwaren, Seite 128

ZUTATEN

1000 g gemischtes Hackfleisch | Olivenöl zum Andünsten | 8–10 Lauchstangen | 1000 g Champignons | 1000 g Kräuterfrischkäse | 500 g Schmelzkäse | 4 Möhren | Salz und Pfeffer aus der Mühle

ZUBEREITUNG

Hackfleisch anbraten und mit Salz und Pfeffer aus der Mühle würzen. Den fein geschnitteten Lauch und die in Scheiben geschnittenen Champignons dazugeben und andünsten. Jetzt 7 Liter Wasser hinzufügen und alles 15 Minuten köcheln. Den Käse unterrühren. Gegebenenfalls noch einmal abschmecken. Mit geraspelten Möhren servieren.

FALSCHER VENN-HASE

Boucherie Schneider, Seite 132

ZUTATEN

2 Brötchen vom Vortag | 3 mittelgroße Zwiebeln | 750 g gewürztes Schweinehack | 250 g ungewürztes Rinderhack | 2 Eier | 2 EL Petersilie, gehackt | 1 TL Senf | 100 g roher geräucherter Venn-Schinken | Paprikapulver | 100 g geräucherter durchwachsener Speck, dünn geschnitten | Brauner Saucenbinder | Salz und Pfeffer aus der Mühle

ZUBEREITUNG

Brötchen in kaltem Wasser einweichen, Zwiebeln abziehen in kleine Würfel schneiden. Die Hälfte der Zwiebeln für die Sauce zurückhalten. Das Hackfleisch mit den gut ausgedrückten Brötchen, Zwiebeln, Eiern, Petersilie, Senf und Schinkenwürfeln kräftig durchmengen, mit den Gewürzen abschmecken und zu einem Brotlaib formen.
Den Hackbraten in eine mit Bratfett ausgeriebene flache Auflaufform legen und anschließend mit dem durchwachsenen Speck überdecken. Den Rest der Zwiebeln ebenfalls in die Form geben. Bei 180 °C Umluft etwa 60 Minuten backen. Ab und zu mit etwas Wasser beträufeln, sobald der Bratensaft anfängt zu bräunen. Nach 60 Minuten den Braten in eine andere Form legen und noch weitere 10 Minuten im (ausgeschalteten!) Ofen ziehen lassen. Den Bratensatz mit Wasser (circa 200 Milliliter) lösen und durchs Sieb in einen Topf gießen. Die Sauce mit Salz und Pfeffer abschmecken und mit Braunem Saucenbinder abbinden.
Jetzt den fertigen Braten in Scheiben schneiden und servieren. Den beim Aufschneiden herausfließenden Fleischsaft kann man auch noch zur Sauce geben.

REZEPTE

ENTENSTOPFLEBER AUF RISOTTO MIT HONIG-THYMIAN-JUS

Pizzeria Napoli, Seite 130

ZUTATEN FÜR 4 PERSONEN

4 Stück Entenstopfleber (ca. à 100 g) | Salz und Pfeffer aus der Mühle | 4 Thymianzweige zum Garnieren

HONIG-THYMIAN-SAUCE

200 ml Geflügelfond | 1 Bund Thymian | 2 Kaffeelöffel Akazienhonig | Brauner Saucenbinder |Salz und Pfeffer aus der Mühle

RISOTTO

1 Schalotte, gehackt | 2 Knoblauchzehen | 1 EL Olivenöl | 200 g Risottoreis (vorzugsweise „riso superfino") | 150 ml Weißwein | 450 ml Geflügelbrühe | 2 Kaffeelöffel Akazienhonig | ½ Apfel (z. B. Boskop), in Scheiben geschnitten | 2 Frühlingszwiebel-Stangen, fein geschnitten | 1 Radicchio | 40 g Butter | 30 g geriebener Parmesan

ZUBEREITUNG

Für die Sauce den Geflügelfond mit gehacktem Thymian und Honig 20 Minuten leicht köcheln lassen. Sieben, leicht mit Braunem Saucenbinder abziehen und mit Salz und Pfeffer nachwürzen.
Parallel die gehackte Schalotte und Knoblauch in Olivenöl farblos anschwitzen. Risottoreis hinzufügen, bis er glasig ist. Dann Weißwein dazugeben. Wenn der Weißwein aufgesogen ist, schöpflöffelweise die warme Geflügelbrühe hinzufügen. Bei geringer Hitze arbeiten. Immer warten, bis das Risotto die Brühe komplett aufgesogen hat, bevor der Vorgang wiederholt wird. Zwischendurch nicht zu oft, aber regelmäßig rühren, damit nichts anbrennt. Keinen Deckel verwenden. Den Vorgang so lange wiederholen, bis die Brühe aufgebraucht ist. Honig hinzufügen. Garzeit ca. 18 Minuten. Das Risotto darf nicht ganz weich gekocht werden. Es soll einen schönen Biss behalten. Es darf nicht zu trocken sein, aber auch nicht in Brühe schwimmen. Zum Schluss Butter und Parmesan darunterziehen. Vom Herd nehmen, Deckel drauf.
Die Entenstopfleber (Zimmertemperatur) in einer heißen Pfanne und ohne Fett 1 Minute von jeder Seite braun anbraten.
Währenddessen die kleinen Apfelscheiben, fein geschnittene Frühlingszwiebeln und Radicchiostreifen von einigen Blättern unter das Risotto heben. Entenstopfleber mit grobem Salz und Pfeffer aus der Mühle würzen.

ANRICHTEN

Die Entenstopfleber auf dem Risotto platzieren, die Honig-Thymian-Sauce daneben und als Garnitur jeweils einen Thymianzweig in die Leber stecken.

„ERDZEITENSCHNECKE“ IM NATURPARKZENTRUM TEUFELSSCHLUCHT BEI IRREL IN DER SÜDEIFEL

ENTSPANNUNG GARANTIERT: WÄLDER LADEN ZU JEDER JAHRESZEIT ZUM WANDERN EIN

ZU GUTER LETZT

Kommen Sie einfach mit!

Lassen Sie mich Sie, verehrte Leserin und Leser dieses Buches, auf eine kleine Wanderung mitnehmen. Auf eine der zahllosen Wanderungen, die ich seit über 20 Jahren durch die Eifel und Ostbelgien gemacht habe. Sie mag an ein Maar und dann durchs Liesertal geführt haben oder über das Hohe Venn. Es mag entlang der Urft bei Nettersheim gewesen sein oder hoch über der Ahr. Waren es die bizarren Felsformationen bei Bollendorf oder die Wasserfälle nicht weit von Hillesheim? Das Tal der Kall nicht weit der Rurtalsperre oder war es auf einem windigen Höhenzug bei Prüm? Es tut nichts zur Sache. Es gibt so viele Eifeln, das wissen wir.

Heute ist es nicht warm, es sind Minusgrade. Der Waldweg knirscht unter unseren Füßen. Überfrorene Pfützen zerspringen, und es klirrt ein wenig, wenn wir darüberlaufen. Ein schriller Schrei zerreißt die Luft. Wir legen den Kopf in den dick vermummten Nacken und schauen in einen fahlen Himmel. „Ein Raubvogel", ruft einer und zeigt mit dem Arm nach oben. „Ein roter Milan? Die sind hier zu Haus", weiß ein anderer aus unserer Gruppe. Ratlosigkeit. Hier in der Eifel gibt es viele Vögel, auch des Winters. Und Burgen. Waren wir nicht auf der Suche nach einer uralten Burgruine? Wir stapfen weiter. Die kahlen Äste der Bäume, die wir mit dem Weg durchschneiden, sind teils mit Schnee bedeckt. Sie sehen aus wie Riesen, die sich mit Rasierschaum eine kleine Schlacht geliefert und dann vergessen haben, sich ihn gründlich abzuwischen.

Die Luft ist klar und spitz. Wenn man tief einatmet, scheint sie zu perlen wie guter Sekt. Steigt sie zu Kopf? Das kann man nicht ganz ausschließen. Auf jeden Fall macht sie ein wenig süchtig. Wir steigen an. Auf halber Höhe umfangen uns sanfte Schleier weicher Nebel. Wir lachen und rufen uns gegenseitig zu. Es knackt neben uns. Was war das? „Der Erlkönig", kichert einer, „ein Luchs vielleicht, den gibt es wieder in der Eifel." – „Die sind zu scheu, die sieht man nicht. Vielleicht ein Reh." Rotwild haben wir schon oft gesehen auf unseren Streifzügen hier. In respektvoller Distanz. Dann halten wir den Atem an und spüren, wir sind Zeuge von etwas sehr Kostbarem. Ganz oben stößt der Gipfel durch die Schleier, die wie geklöppelt wirken. Wir keuchen etwas, doch der Ausblick lässt unsere Mühe schrumpfen zum Vergessen. Wie weit man blicken kann! Der Wind ist eisig wie die Stirn, die Nase leicht gerötet. Doch alle – wir wandern meist zu acht – sind stolz und scheinen jetzt ein bisschen zu schweben… Kurz darauf die Burgruine. An ihren uralten Mauern kauern wir, denn Mauern in der Natur bedeuten Schutz. Seit Jahrtausenden. Das merken wir instinktiv und packen unserer Brote aus mit heißem Tee. Wir hauchen in unsere nackten Hände. Zum Schluss die Schokolade.

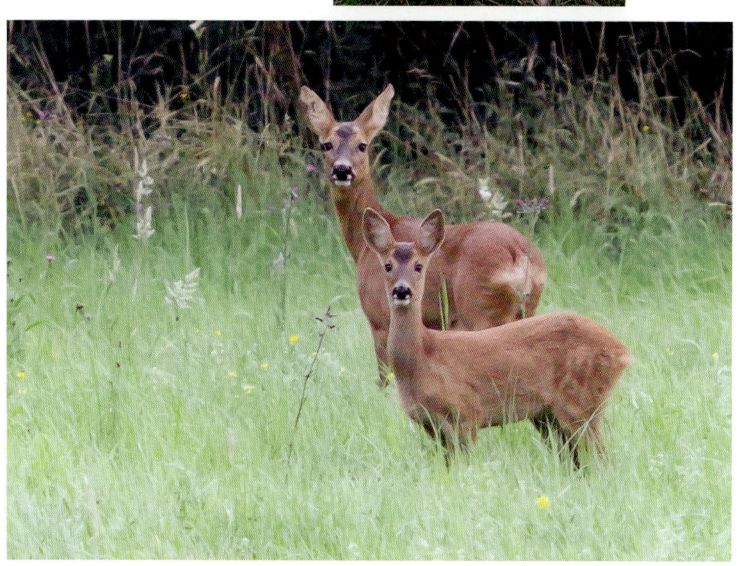

Dann geht es weiter. Die Tage sind nun kurz, wir dürfen uns nicht verlaufen. Es ist gut beschildert. Auch nicht zu lange

verharren. Das Tal des Baches, an dem wir entlangwandern, führt uns rasch weiter. Auf einer Holzbrücke halten wir trotzdem inne. Der Bach scheint in noch größerer Eile als wir, denn er murmelt kräftig. Wer immer schon mal wissen wollte, ob Bäche wirklich murmeln, dem sei das hier empfohlen. Die Hecken links und rechts sind struppig und spreizen ihre Kahlheit. An manchen kann man noch erkennen, welch süße Frucht sie hier in anderen Jahreszeiten tragen. Doch heute ist alles monochrom: weiß, grau, braun, schwarz. Das hat seinen Reiz. Die Eifel mal „unplugged". Wie weit ist es noch zur Mühle? Die Ersten werden etwas müde. Welche Mühle? „ Wisst ihr, dass man noch vor einhundert Jahren in der Eifel überall das Klappern der Mühlen hören konnte? Es gab Hunderte. Das soll das Geräusch der Eifel gewesen sein!" Irgendeiner von uns weiß immer etwas über die Eifel, das man so aufschnappt. Wir lächeln und biegen um die letzten Kurven.

Es dämmert, als wir den kleinen Ort erreichen. Wir sehen schon die Lichter, die uns zu leuchten scheinen. Die Gedanken kreisen um ein wunderbares Essen, mit gutem Wein der nahen Mosel, an einem gemütlichen alten Ofen. Freundliche Wirte, die uns erwarten. Einer von uns seufzt genussvoll laut. Der letzte Kilometer ist erfüllt von Vorfreude und trägt uns auf ihr hin. Die Gaststube ist wohlig warm, man heißt uns willkommen. Wir hatten, nein, wir haben einen wunderbaren Tag im Winter durch die Eifel. Welch ein Erlebnis. Als wir uns kurz darauf, gut aufgewärmt mit roten Köpfen zuprosten, strahlt einer: „Ist euch etwas aufgefallen?" In der Stimme liegt eine Spur Triumph. „In fünf Stunden sind wir niemanden begegnet. Mitten in Deutschland hatten wir die Eifel ganz für uns allein. Natur pur!" Wir stoßen auf sie an, die Eifel.

Susanne Schug und ich leben tatsächlich sehr nahe der Eifel und kennen sie und Ostbelgien gut. Das Buch „Kulinarische Entdeckungsreise durch die Eifel und Ostbelgien" ist uns zum einen Herzensangelegenheit und Freude, Bekanntes wieder aufzusuchen und aufzufrischen. Zum anderen jedoch haben wir auf unseren ausgiebigen Streifzügen durch die Region so viel Neues und Spannendes erlebt und gefunden, so viele sympathische, engagierte Menschen in Gastronomie und Lebensmittelhandwerk kennenlernen dürfen, dass wir uns bereichert fühlen. Dass wir das nun durch dieses Buch mit Ihnen teilen dürfen, ist uns ein besonderes Anliegen. Wir präsentieren Ihnen diese wunderbare, ehrliche Region mit Stolz (obwohl die Menschen und die Natur das alles ohne uns gemacht haben) und ganz viel Begeisterung, die von Herzen kommt.

Über Ostbelgien haben mir auf charmante und höchst informative Weise der deutschsprachige belgische Autor Freddy Derwahl und Sandra Detaeye von der Deutschsprachigen Gemeinschaft sowie Pascale Müllender berichtet. Auch bei ihnen bedanke ich mich herzlich.

MAJESTÄTISCHER SCHRITT: HAHN IM SPURT

ADRESSVERZEICHNIS

B

BÄCKEREI HEINEN *124*
Renate und Robert Heinen
Marktplatz 15
B-4750 Bütgenbach
Tel. 00 32 / (0) 80 / 44 62 43
heinen.baeckerei@gmail.com
www.baeckerei-heinen.be

BÄCKEREI JOHANN UTTERS & SOHN *62*
Josef Utters
Hauptstraße 6
54552 Dockweiler
Tel. 0 65 95 / 9 20 60
mehlbox@brotkunst.de
www.brotkunst.de

BAUERNHOF OTTEN *30*
Familie Otten
Hauptstraße 36
54558 Strohn
Tel. 0 65 73 /4 68
info@bauernhof-otten.de
www.bauernhof-otten.de

BITBURGER MARKEN-ERLEBNISWELT *90*
Römermauer 3
54634 Bitburg
Tel. 0 65 61 / 14-24 97 oder 14-24 98
marken-erlebniswelt@bitburger.de
www.bitburger.de

BLATT UND BLÜTE *68*
Barbara Zens
Holzbeulstraße 45
54533 Bettenfeld
Tel. 0 65 72 / 93 32 80
barbarazens@web.de

BOUCHERIE SCHNEIDER *132*
Rue de la Station 48
B-4950 Sourbrodt
Tel. 00 32 (0) 80 / 44 60 38
Ihr Ansprechpartner:
thomas.kohnen@hotmail.de
www.boucherie-schneider.be

D

DAUNER KAFFEERÖSTEREI *36*
Familie Richarz-Hilberg
Wirichstraße 16a
54550 Daun
Tel. 0 65 92 / 98 29 29
info@dauner-kaffeeroesterei.de
www.dauner-kaffeeroesterei.de

E

EIFEL-EDELBRAND W. V. *96*
Alfred Hauer
Bitburger Straße 2
54636 Niederweiler
Tel. 0 65 69 / 72 84
info@eifeledelbrand.de
www.eifeledelbrand.de

EIFELER KÜCHENKRAUT *28*
Julia Moll
Brunnenstraße 9
54533 Oberscheidweiler
Tel. 0 65 74 / 90 03 19
info@kuechenkraut.de
www.kuechenkraut.de

EIFELION GMBH *38*
Geschäftsführung: Sandra Wimmeler
Prokurist: Denis Lönnendonker
Julius-Saxler- Straße 3
54550 Daun
Tel. 0 65 92 / 7 12 81 10
info@windspiel-gin.de
www.windspiel-gin.de

F

FONK'S BACKWAREN AG *128*
Eric Fonk
Hauptstraße 103
B-4780 St. Vith
Tel. 00 32 (0) 80 / 22 81 23
eric.fonk@backwaren.be
www.fonk.info

H

HERRMANN'S RESTAURANT BURG RITTERSDORF *92*
Achim Herrmann
Bitburger Straße 30
54636 Rittersdorf
Tel. 0 65 61 / 96 57-0
info@burg.rittersdorf.de
www.burg-rittersdorf.de

HOTEL BURG BOLLENDORF GMBH *104*
Karl-Georg Freundt
Burg Bollendorf
54669 Bollendorf
Tel. 0 65 26 / 6 90
info@burg-bollendorf.de
www.burg-bollendorf.de

ADRESSVERZEICHNIS

P

PIZZERIA NAPOLI GMBH *130*
Stephan Kohnen
Hauptstraße 96
B-4780 St. Vith
Tel. 00 32 (0) 80 / 22 67 15
info@pizzerianapoli.be
www.pizzerianapoli.be

PRINTENHAUS *66*
Günter Portz
Wertherstraße 11
53902 Bad Münstereifel
Tel. 0 22 53 / 84 29
info@printenhaus-portz.de
www.printenhaus-portz.de

R

RESTAURANT BRÜLS *122*
Monschauer Straße 6
B-4750 Bütgenbach
Tel. 00 32 (0) 80 / 44 48 09
info@restaurant-bruels.be
www.restaurant-bruels.be

RESTAURANT SCHLOSS NIEDERWEIS *94*
Sandra und Sebastian Poss
Hauptstraße 9
54668 Niederweis
Tel. 0 65 68 / 96 96-4 50
kontakt@schloss-niederweis.de
www.schloss-niederweis.de

S

SCHNEIDER AM MAAR *34*
Marita Schild-Mölder
Maarstraße 22
54552 Schalkenmehren
Tel. 0 65 92 / 9 55 10
info@hotelschneider.de
www.hotelschneider.de

SILENCEHOTEL BÜTGENBACHER HOF *120*
Thorsten Maraite
Marktplatz 8
B-4750 Bütgenbach
Tel. 00 32 (0) 80 / 44 42 12
info@bbb.be
www.bbb.be

STEINHEUERS RESTAURANT UND HOTEL „ZUR ALTEN POST" *24*
Hans Stefan Steinheuer
Landskroner Straße 110
53474 Bad Neuenahr-Ahrweiler
(Ortsteil Heppingen)
Tel. 0 26 41 / 9 48 60
info@steinheuers.de
www.steinheuers.de

T

TORSCHÄNKE *88*
Josef Cillien
Philippsheimer Straße 1
54647 Dudeldorf
Tel. 0 65 65 / 20 24
www.torschaenke-dudeldorf.de

W

WALDHOTEL-RESTAURANT KURFÜRST *26*
Familie Arnicot
Auf der Wacht 21
56759 Kaisersesch
Tel. 0 26 53 / 9 89 10
info@waldhotel-kurfuerst.com
www.waldhotel-kurfuerst.de

23 WINDECKHAUS *64*
Günter Portz
Orchheimer Straße 23
53902 Bad Münstereifel
Tel. 0 22 53 / 5 44 84 80
info@23windeckhaus.de
www.23windeckhaus.de

LECKERES PICKNICK NACH EIFELART: ALLES AUS DER REGION

REZEPTVERZEICHNIS

GEDULDIGE HANDARBEIT: DIE ERNTE VON LÖWENZAHNBLÜTEN

REZEPTVERZEICHNIS

TABAKANBAU IN DER WITTLICHER SENKE, IM HINTERGRUND DER ERLOSCHENE VULKANKEGEL NEUERBURGER KOPF

BESONDERE ADRESSEN FÜR SIE ENTDECKT

MECKLENBURG-VORPOMMERN
160 Seiten, Hardcover
978-3-86528-460-8

HAMBURG UND DAS ALTE LAND
152 Seiten, Hardcover
978-3-86528-887-5

DONAU – VON PASSAU BIS KREMS
200 Seiten, Hardcover
978-3-86528-459-4

FASZINATION WELTERBE – DEUTSCHLANDS SÜDEN
176 Seiten, Hardcover
978-3-86528-854-7

SCHÄTZE AUS DER PFALZ
208 Seiten, Hardcover
978-3-86528-493-8

SCHÄTZE BODENSEE UND OBERSCHWABEN
192 Seiten, Hardcover
978-3-86528-556-9

TRENDS & LIFESTYLE BREMEN
128 Seiten, Hardcover
978-3-86528-891-2

FRANKFURT FIRST CLASS
192 Seiten, Hardcover
978-3-86528-870-7

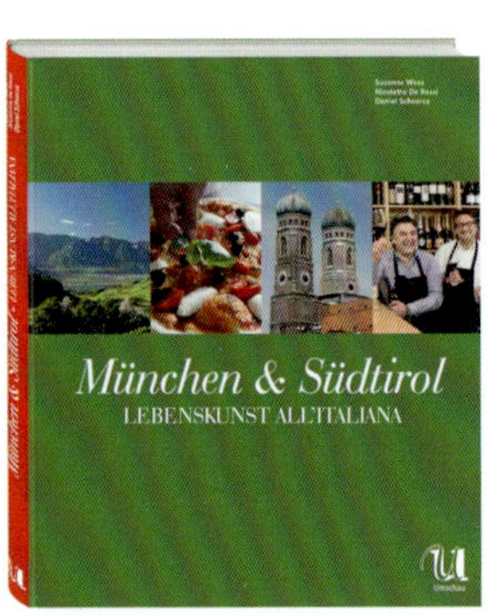

MÜNCHEN & SÜDTIROL LEBENSKUNST ALL´ITALIANA
136 Seiten, Hardcover
978-3-86528-866-0

GÄRTEN IM TESSIN
160 Seiten, Hardcover
978-3-86528-867-7

RAUM & DESIGN MÜNCHEN
184 Seiten, Hardcover
978-3-86528-546-1

BESTES HANDWERK NIEDERBAYERN
160 Seiten, Hardcover
978-3-86528-465-5

WEITERE EMPFEHLUNGEN FÜR SIE

DER KREATIVE TISCH
Neue Dekoideen und Rezepte für besondere Momente
256 Seiten, Hardcover
978-3-86528-801-1

DAS BESTE AUS MEINER FRANZÖSISCHEN KÜCHE
304 Seiten,
Hardcover mit Schutzumschlag
978-3-86528-791-5

SCHLAU BAUEN
Das Architekturbuch für kleine und große Handwerker
224 Seiten, Hardcover
978-3-86528-752-6

KOMM DU MIR NACH HAUSE
Das Kochbuch für die perfekte Ehefrau
180 Seiten, Hardcover
978-3-86528-688-8

WILD
130 Rezepte für jeden Tag
256 Seiten, Hardcover
mit Lesebändchen
978-3-86528-734-2

DRUNTER & DRÜBER
Das Brotbackbuch & Das Aufstrichbuch
208 Seiten, Hardcover
978-3-86528-746-5

Neuer Umschau Buchverlag GmbH
Moltkestraße 14
D-67433 Neustadt/Weinstraße
Telefon + 49 (0) 63 21 / 8 77-833
Telefax + 49 (0) 63 21 / 8 77-859

info@umschau-buchverlag.de
Neuer Umschau Buchverlag
Umschau_Verlag

www.umschau-verlag.de

IMPRESSUM

RECHERCHE / FOTOS
Susanne Schug, Erden
www.schug-design.de

TEXTE
Hannelore Hippe, Köln, Zeltingen-Rachtig

REDAKTION / PRODUKTION
Susanne Kranz, Hamburg
www.susannekranz.de

GESTALTUNG / SATZ
Christiane Daniels und Rafaela Nimmesgern, Hamburg
www.satz-zeichen-buch.de

REPRODUKTION
Peter Blaschke, Laubach/Wetterfeld

KARTE
Thorsten Trantow, Herbolzheim
www.trantow-atelier.de

DRUCK UND VERARBEITUNG
NINO Druck GmbH, Neustadt an der Weinstraße
www.ninodruck.de

Printed in Germany
ISBN 978-3-86528-879-0

Wir bedanken uns für die freundlicherweise zur Verfügung gestellten Fotos bei:
S. 24, 25: © Steinheuers Restaurant „Zur Alten Post"
S. 30 u. l.: © Sandra Jungen; S. 63, 75 (Rezeptfoto): © Josef Utters; S. 90, 91: © Bitburger Brauerei; S. 93, 109 (Rezeptfoto): © Bohl Design & Kommunikation; S. 96 u.: © Uwe Hentschel; S. 98 u. r.: Heike Schade; S. 100 u. l., u. r.: © Jürgen Ritterbach; S. 121 o.: © Christian Chalier; S. 135 Mitte, u.: © Gregor Collienne

Besuchen Sie uns im Internet:
www.umschau-verlag.de

Hannelore Hippe

Hannelore Hippe ist Autorin und Journalistin. Sie schreibt kulturelle, darunter auch kulinarische Sendungen für die ARD und Print. Zudem veröffentlichte sie Hörspiele, Drehbücher und Kriminalromane. Die deutsche Oscar-Nominierung 2013 basiert auf einem ihrer Romane. Unter dem Namen Hannah O'Brien veröffentlichte sie 2015 einen sehr erfolgreichen Irland-Krimi.

Susanne Schug

Susanne Schug lebt seit 1976 an der Mosel. Nach dem Studium Kommunikationsdesign in Trier arbeitet sie seit 1997 freiberuflich, überwiegend und gern für regionale Unternehmen. Ihr Schwerpunkt liegt in der konzeptionellen Gestaltung und strategischen Umsetzung. Das fotografische Einfangen von besonderen Stimmungen und Momenten ist nicht nur Neigung, sondern Leidenschaft.